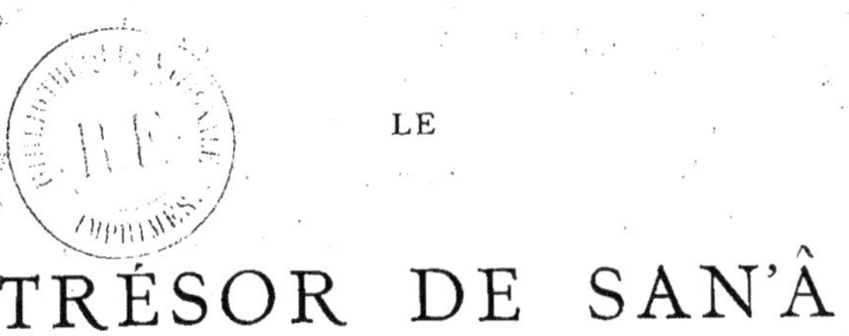

LE

TRÉSOR DE SAN'Â

(*MONNAIES HIMYARITIQUES*)

SAINT-QUENTIN. — IMPRIMERIE JULES MOUREAU

LE

TRÉSOR DE SAN'Â

(*MONNAIES HIMYARITIQUES*)

PAR

G. SCHLUMBERGER

MEMBRE RÉSIDANT DE LA SOCIÉTÉ DES ANTIQUAIRES DE FRANCE

PARIS

ERNEST LEROUX, ÉDITEUR

LIBRAIRE DE LA SOCIÉTÉ ASIATIQUE

DE L'ÉCOLE DES LANGUES ORIENTALES VIVANTES, DE LA SOCIÉTÉ DE L'ORIENT LATIN

28, RUE BONAPARTE, 28

—

M.D.CCC.LXXX

LE TRÉSOR DE SAN'Â

Au mois de juillet 1879, durant un assez long séjour que j'ai fait à Constantinople, j'appris qu'un fonctionnaire turc, qui habitait alors Scutari, mais qui avait résidé en Arabie méridionale, avait rapporté de cette province, un trésor considérable de monnaies d'argent d'aspect singulièrement rare. Il s'agissait de deux cents pièces de divers modules, retrouvées à San'â, avec le vase de bronze qui les renfermait. Cette nouvelle excita vivement ma curiosité, et je me mis aussitôt en campagne. Étant parvenu à examiner ces monnaies, je reconnus au premier coup d'œil qu'il s'agissait d'une découverte du plus haut intérêt, et ne tardai pas à me convaincre que le trésor se composait exclusivement de pièces himyaritiques, appartenant à l'époque de la plus grande activité des ateliers monétaires de l'antique Yémen, et offrant avec divers types de têtes, un revers constant : à savoir une chouette posée sur un vase renversé, type bien connu du numéraire athénien. Une légende unique, divers monogrammes, et quelques autres éléments isolés, complétaient l'ensemble des revers.

Après de longues et pénibles négociations, rendues fort difficiles par les prétentions exagérées du propriétaire, et par la rapacité de certains marchands de médailles de Constantinople, qui voulaient avoir leur part du butin, je me rendis acquéreur de toutes ces monnaies; c'était le seul moyen de les étudier minutieusement, et d'arriver ainsi à leur donner un classement appuyé sur les différences de style, indépendamment même de la lecture de la légende et des monogrammes, qui pouvaient présenter de grandes difficultés.

J'écrivis à M. de Longpérier, qui voulut bien communiquer ma découverte à l'Académie des Inscriptions. Dans la séance du mercredi 13 août 1879, mon savant maître lut une note, reproduite d'abord dans le *Journal Officiel* du 20 août, et dans plusieurs autres journaux, puis résumée dans les comptes rendus de l'Académie. — M. de Longpérier terminait en disant qu'il y a plusieurs années déjà, M. Henri Sauvaire, alors chancelier du consulat de France à Alexandrie, lui avait apporté deux monnaies d'argent himyaritiques, dont l'une se retrouve parmi les pièces du second module du trésor de San'â, tandis que l'autre est une division extrêmement petite, sur laquelle la tête rappelle plus l'effigie de la Minerve d'Athènes que celle des rois arabes du Yémen.

Un certain nombre de pièces d'argent, provenant de cette même trouvaille de San'â, avaient été, dès le courant de l'année précédente, en 1878, envoyées directement au Cabinet des médailles du British Museum, pendant que les empreintes de quatre de ces mêmes monnaies, avaient été obligeamment communiquées, le 8 août 1878, par M. Feuardent à M. de Longpérier (1). M. Barclay Head fit à la Société numismatique de Londres, dans la séance du 21 novembre 1878 (2), une communication sur les pièces en question, communication insérée dans une des livraisons du *Numismatic chronicle* de 1878, parue seulement au commencement de 1879 (3). M. Barclay Head y déclara que, quant aux inscriptions (légende, monogrammes, caractères isolés), il n'avait pas réussi à en découvrir le sens, même à l'aide de l'alphabet himyaritique et de la savante grammaire de la langue sabéenne, publiés par le colonel Prideaux dans les *Transactions de la Société d'archéologie biblique* (4). Par contre, M. de Longpérier, qui n'avait reçu, pour sa part, aucun renseignement sur la provenance des quatre monnaies dont il possédait les empreintes, avait cependant été conduit à reconnaître immédiatement, dès le mois d'août 1878, le caractère ܩ, *noun*, qui figure à l'état d'élément isolé sur presque toutes les pièces de la trouvaille de San'â, comme l'initiale de la célèbre ville arabe de Nagran, et cela, en comparant le rôle de ce caractère isolé avec celui du *resch*,), qui représente la ville de Raïdan sur une drachme encore inédite du

(1) C'étaient des variétés de nos numéros 14, 23, 40 et 51, deux drachmes et deux demi-drachmes.

(2) Extrait du procès-verbal de la séance du 21 novembre : *Mr B. V. Head read a paper on Himyarite and other early Arabian imitations of the coins of Athens, and exhibited a selection from a hoard lately found at San'â, near Aden .... Col. Prideaux made some remarks on the interpretation of the inscriptions, which he supposed to contain the names of several hitherto unknown kings of Yemen and Hadhramaut.*

(3) *Numismatic chronicle.* N. Série, t. XVIII, pages 273-284. 1878.

(4) Tomes II et V.

Musée britannique, cette dernière monnaie formant elle-même une curieuse variété de la pièce d'argent qui porte le nom complet *Raïdan*, publiée par M. de Longpérier, dans la *Revue numismatique* de 1868.

Je suis bien loin de méconnaître l'importance de la communication faite par M. Barclay Head à la Société numismatique de Londres, et en particulier la justesse des observations qu'il a présentées au sujet du type athénien des monnaies de la trouvaille de San'â, type qu'il a fort ingénieusement rattaché à celui d'autres pièces orientales antiques réunies et signalées par M. Six, d'Amsterdam (1). Mais le savant numismatiste anglais n'a tenté aucun classement chronologique des diverses variétés de monnaies contenues dans le trésor; non-seulement, comme je viens de le dire, il n'a expliqué, ni la légende unique, ni les monogrammes, ce que je n'ai pas plus que lui la prétention de faire; mais il n'a point cherché davantage à tirer parti de la succession des grenetis, du déplacement du *noun* isolé, pas plus que des modifications graduelles des autres éléments qui figurent dans le champ du revers. Le mémoire de M. Barclay Head est donc principalement, ainsi qu'il le dit lui-même, une sorte d'appel à la curiosité et aux lumières des numismatistes et des orientalistes. Ce n'est pas, du reste, en comparant entre elles, un nombre de pièces bien restreint, que M. Barclay Head pouvait arriver à des résultats plus instructifs. — Telles sont les considérations qui m'ont décidé à entreprendre le présent travail. La quantité des exemplaires de ces monnaies que j'ai à ma disposition, me permettra, je l'espère, de présenter aux numismatistes et aux philologues, des éléments d'études qui auront encore leur utilité vidente, même après la communication de M. Head. J'insiste sur ce point : ce sont des éléments d'étude, pas autre chose, que j'offre au public savant. J'ai fait graver par M. Dardel, l'artiste bien connu, des exemplaires des moindres variétés, persuadé qu'en matière aussi nouvelle, les plus infimes détails ont leur importance.

Avant tout, je tiens essentiellement à proclamer bien haut qu'en publiant cette trouvaille monétaire, je n'ai aucunement la prétention de m'offrir comme sabéiste. La raison en est fort simple; je n'ai pas la moindre notion de l'idiôme sabéen. C'est là une étude que je n'ai jamais abordée, pas plus que celle des autres langues sémitiques. Je me tiendrai de la première page jusqu'à la dernière dans la ligne purement numismatique. Une grande habitude voir et de manier des médailles antiques me donne l'espoir que je pourrai dans cet ordre d'idées, arriver à poser

(1) *Numismatic chronicle*, 1877, t. XVII, pages 221-230.

pour la connaissance d'une série monétaire encore à peine étudiée, quelques conclusions non sans valeur.

Un dernier mot avant de clore cette sorte d'avant-propos, et non le moins nécessaire, puisqu'il donnera confiance à ceux mêmes qui pourraient se croire le plus en droit de douter de la valeur des arguments présentés par moi : ce court mémoire numismatique a été lu avant son impression par mon bienveillant maître et ami, M. de Longpérier, et l'a vivement intéressé, intérêt qui s'explique, du reste, de la part de ce vétéran de la numismatique, lorsqu'il s'agit d'une branche naissante de la science, branche qu'il a plus que tous contribué à créer.

Avant d'entamer la description et la discussion mêmes de la trouvaille de San'â, je crois devoir retracer brièvement l'état présent des connaissances acquises dans le champ de la numismatique himyaritique. Elles se résument, hélas, en fort peu de chose. A la différence de l'épigraphie des Beni Himyar (1), enrichie déjà, à bien des reprises par les Fresnel, les Osiander, les Prideaux, les Halévy, les Mordtmann, la série monétaire des anciens Arabes du Yémen compte jusqu'ici deux ou trois pièces tout au plus, dont une seule a été publiée, pièces d'une importance capitale, il est vrai.

C'est, on le sait, dans la *Revue numismatique* de 1868 (2), que M. de Longpérier a fait connaître la première monnaie himyaritique déchiffrée en Europe, aujourd'hui conservée au Cabinet des médailles. J'ai déjà fait allusion à cette précieuse petite pièce d'argent. Je rappelle qu'elle porte sur chaque face une tête à chevelure abondamment calamistrée; l'une de ces têtes est probablement celle du roi du

(1) *Himyar, fils d'Abdschams* : « on l'appelle Himyar parce qu'il affectionnait la couleur rouge dans ses vêtements. Il fut le premier entre les rois Cahtânides du Yémen qui porta une couronne d'or..... Himyar est la souche de la grande famille *Himyarite*, appelée *Homérite* par les écrivains grecs et latins, et qui figure pour la première fois sous ce nom d'Homérite, dans la relation de l'expédition d'Ælius Gallus, environ 24 ans av. J.-C. (Voir *Gosselin :* Recherches sur la géographie des anciens, t, II, p. 113). Cette famille régna *dans* le Yémen (ce qui ne signifie point *sur* le Yémen), depuis l'époque de son auteur Himyar (suivant M. Caussin de Perceval, 695 ans av. J.-C.) jusqu'à la conquête de ce royaume par les Abyssins en l'année 525 de notre ère (environ 1220 ans) ». *Caussin de Perceval : Essai sur l'Histoire des Arabes avant l'Islamisme*, 1847, t. I, p. 54.

(2) *Monnaie des Homérites frappée à Raïdan* (Arabie méridionale). *Rev. Numism.* 1868, pages 169-176, avec une note additionnelle dans la *Rev. Numism.* de 1869, p. 267.

Yémen ou tobba (1) régnant, l'autre celle du prince héritier. Au droit, un grand monogramme en caractères himyaritiques, placé derrière la tête principale, semble à M. de Longpérier pouvoir se lire : *Himyar*, 𐩧𐩺𐩣𐩢 (2). Au revers, un autre grand monogramme, dans lequel on retrouve un *schin*, 𐩦, un *vau*, 𐩥, et un *iod*, 𐩺, est placé au devant de la tête. Au dessous de celle-ci, se lit clairement le nom en quatre lettres, 𐩬𐩵𐩺𐩧, de la ville de Raïdan; au-dessus, une autre inscription doit très probablement se lire : (*monnaie du roi*) *Aran Iacaf*[m], ce dernier mot très douteux, car le troisième caractère a beaucoup plus la forme d'un *samech* que celle d'un *kaph* (3).

Le British Museum possède de son côté quelques pièces d'importance capitale dont M. Barclay Head a donné la représentation dans sa communication du *Numismatic chronicle*. Ce sont :

1° Des pièces à flan épais et irrégulier (4), retrouvées à Mareb, du poids de 82 grains, et de 16 millim. de diamètre environ, exactement imitées des drachmes athéniennes du style ancien, portant, sur la joue de la déesse, un *noun* himyaritique bien visible. Une de ces pièces, gravée au n° 2 de la planche de M. Head, porte même, au revers, une légende en caractères sabéens, près desquels se distingue un monogramme qui figure, on le verra, sur beaucoup de pièces du trésor de San'â (5).

(1) « Le premier *tobba*, Harith (environ un siècle av. J.-C.), descendait de Himyar. On créa pour lui le titre de tobba, dont l'étymologie est douteuse; ce titre convient à tous les successeurs de Harith. » *Caussin de Perceval*, l. c., p. 67.

(2) On a proposé de voir dans ce monogramme le nom de la ville de Mareb. Mais il fallait pour arriver là, y ajouter un 𐩨 (*beth*) qui se trouve imprimé sur la tête (arrangement contraire aux habitudes monétaires), et ensuite oublier que la pièce porte en toutes lettres le nom de la ville de Raïdan.

(3) M. J. Halévy préfère lire : *Gaaran Ya'akif*[m].

(4) Deux exemplaires au British Museum ; trois dans la collection du colonel Prideaux.

(5) Ces pièces ont été signalées pour la première fois par le colonel (alors capitaine) Prideaux (W. F.), du corps d'état-major à Bombay, dans une communication : « *On some recent discoveries in south-western Arabia* », lue par lui à la séance du 7 janvier 1873 de la Société d'Archéologie biblique, et insérée dans les *Transactions* de la Société pour la même année 1873, t. II, *part.* 1. M. Prideaux avait pensé que le *noun* pouvait être l'initiale d'un nom royal. « From the five or six specimens (of coins), which I have been fortunate enough to bring to light myself, « dit-il, à la page 6, » it is clear to me that they owe their origin to the influence of greek art in the country. The most ancien coin which I have been able to discover is an archaic drachma of Athens bearing on the obverse the head of Athena, and on the reverse the figure of an owl. On the face of Athena, is stamped the himyaritic letter 𐩬, probably the initial of the name of the king in whose time the coin was current. »

2° Une petite pièce d'argent recueillie à Aden, à flan encore épais, mais de date quelque peu plus récente, de 11 millim. de diamètre environ et du poids de 23 grains, portant au droit une tête qui n'est plus celle de la Miverne athénienne, et au revers la chouette, avec le même monogramme indiqué au paragraphe précédent; et, fait capital, la même légende et les mêmes caractères isolés que nous allons revoir sur les plus anciennes monnaies de la trouvaille de San'â (1).

3° Une monnaie d'or (2), la seule connue appartenant aux Homérites (3), du poids de 38 grains, portant au droit la tête à cheveux longs semblable à celle des plus anciennes monnaies de la trouvaille de San'â; offrant au revers, la chouette et toujours le même monogramme, isolé, cette fois, et simplement accompagné d'un signe spécial à l'épigraphie himyaritique que nous retrouverons sur toutes les monnaies de la trouvaille de Sa'nâ. Cette pièce d'or unique est assez importante pour que j'aie cru devoir en donner la représentation d'après la planche de M. Barclay Head.

J'ai déjà cité la petite pièce, appartenant également au British Museum, et qui est une intéressante variété de celle publiée par M. de Longpérier. Le nom de *Raïdan* y est remplacé par un simple *resch,* initiale de cette ville.

(1) Barclay Head, pl. XIII, fig. no 3. La tête empreinte sur cette petite pièce d'argent offre une frappante analogie avec celle de Marcellus que nous montre un denier de la famille Claudia (Fulv. Orsini, *Familiæ Romanæ*, Rome, 1577, p. 59, n° 1. — Gérard Jacob, *Traité élém. de numismatique*, 1825, t. I, pl. II, n° 8. — Cohen, *Monn. de la Républ. Romaine*. 1857, pl. XII, *Claudia* 4. Il s'agit du style de la tête; or, le denier de la famille Claudia a été frappé vers l'an 45 avant J.-C.

(2) Barclay Head, fig. no 4. Ce doit être la même monnaie d'or, mentionnée par M. Prideaux (*Transact. of the Bibl. Soc.* vol. II, part. 1, 1873, p. 5), d'après le Rapport annuel du 15 mai 1871 de la *Royal Asiatic Society*, et qui a été rapportée d'Aden par le capitaine S. B. Miles, juge de paix de cette colonie anglaise, avec une autre pièce, probablement une de celles à la Minerve, n° 1.

(3) En 1878, M. F. Lenormant écrivait : « L'existence des monnaies d'or des Homérites est attestée par le passage des actes des martyrs de Nadjrân (Bolland. *Act. Sanctor. Octobr.* t. X, p. 723) où on lit : ce qu'on appelle *holcas* est une monnaie royale des Homérites, ayant le poids d'un aureus romain de 12 siliques, ἔστι δὲ αὐτὴ ἡ λεγομένη ὁλκὰς μονῆτα βασιλικὴ Ὁμηριτικὴ, σταθμὸν ἔχουσα χρυσίου Ῥωμαϊκοῦ, κερατίων δεκαδύο. Le nom transcrit en grec ὁλκάς est évidemment emprunté au copte *holok*, qui était en Egypte l'appellation indigène du solidus d'or constantinien. » F. Lenormant : *La Monnaie dans l'Antiquité*, t. II, p. 425, note 1.

Enfin, le British Museum est encore possesseur d'une petite monnaie d'argent himyaritique qui était, dit M. Prideaux, depuis quarante ans dans cette collection, sans qu'on en eut soupçonné la nationalité. M. Prideaux la mentionne dans une note additionnelle à son mémoire du t. II, part. I, des *Transactions of the Biblical Society*, p. 23, et la décrit comme présentant d'un côté une tête à cheveux en hélices, *ringletted*, de l'autre côté une tête plus petite, entourée d'une inscription qu'il traduit par : *'Amdan Bayyin, le possesseur* (Kani) *de Raïdan*. Ce mot *Kani*, « possesseur », M. Prideaux le trouve dans ce même monogramme que nous allons voir figurer sur toutes les plus anciennes monnaies du trésor de San'â, et qu'il avait lu précédemment *Yanâf* (p. 6). Environ deux ans plus tard, au mois de décembre 1874, M. J. Halévy, citant cette même monnaie, y lisait *'Amdân l'illustre*, *l'exalté. Raïdan* (1). Il ajoutait : « 'Amdân est certainement un souverain de l'*époque himyarite*, où Saba n'était plus la capitale du royaume » (2).

Je rappelle pour mémoire les deux pièces appartenant à M. Sauvaire et communiquées par lui à M. de Longpérier, puis une petite pièce, très voisine, paraît-il, de celle de *Aran Iacaf^m*, mais que je n'ai pu voir, et qui est entre les mains d'un antiquaire de Constantinople. Telle est, je le crois, la série à peu près complète des monnaies himyaritiques connues jusqu'à ce jour.

J'aborde maintenant l'étude de ce trésor de San'â rapporté par moi de Constantinople, qui vient subitement enrichir d'une manière si extraordinaire l'ensemble de la numismatique himyaritique. Le fonctionnaire turc qui me l'a vendue et qui l'avait acquise à San'â même, où il disait avoir longuement résidé, m'a affirmé que le trésor avait été retrouvé sous une des portes de la ville, ou plus probablement dans quelque portion ruinée du rempart, et qu'il était contenu dans un vase de bronze. Ce récipient, toujours au dire de mon vieil Ottoman, serait encore aujourd'hui entre les mains d'un Juif d'une ville de la côte, probablement de Hodeidah; j'ai reçu l'assurance formelle de voir arriver un jour

(1) *'A* pour M. Prideaux, *'A* pour M. Halévy, représente la transcription d'un *Aïn*.
(2) *Journal asiatique*, VIIe série, t. IV, p. 535.

ce précieux débris, mais je n'y compte guère. De la forme du vase, de ses dimensions, des figures ou légendes qu'il pouvait porter, je n'ai pu obtenir la moindre notion. Mais le fait seul que ce récipient a existé a son importance, puisqu'il nous donne l'explication de la couche d'oxyde, parfois fort considérable, qui recouvre, en totalité ou en partie, un certain nombre des pièces de la trouvaille, et qui en a malheureusement rendu quelques-unes absolument méconnaissables. Partout où le métal fort pur des monnaies himyaritiques a été en contact, pendant peut-être dix-huit siècles d'enfouissement, avec le bronze du récipient, cette oxydation l'a recouvert plus ou moins complètement; les huit ou dix monnaies qui occupaient le fond du vase sont enveloppées d'une véritable gangue de couleur grisâtre, fort compacte et très adhérente, ou plutôt faisant absolument corps avec la pièce. En même temps, l'argent sur la limite de ces points attaqués, est devenu friable, et de légers fragments se détachent avec facilité.

Le trésor, acquis par moi, comptait, en y comprenant les exemplaires complètement recouverts d'oxyde et un ou deux fragments, deux cents pièces exactement, dont cent soixante-quatorze pièces de grand module, c'est à dire du poids moyen de 5 gr. 50, et de 25 à 26 millim. de diamètre; vingt-quatre de module inférieur, du poids moyen de 2 gr. 70, et de 18 à 20 milllim. de diamètre; enfin deux seulement de dimensions encore plus faibles, soit du poids de 1 gr. 30 environ et de 15 à 16 millim. de diamètre. Je reviendrai plus tard sur ces différences dans la valeur des pièces que j'étudie, et dirai à quel système monétaire le numéraire himyaritique me paraît devoir se rattacher. Pour le moment, au point de vue de l'étude générale des types, ces variations de module et de poids ne nous importent guère, puisque les mêmes types exactement figurent sur des exemplaires des trois grandeurs, et que nous avons évidemment à faire, ainsi que nous le verrons dans la suite, à un système monétaire unique, la drachme et ses divisions.

La fabrication de ces pièces d'argent révèle, du moins en ce qui concerne l'exécution des coins, un certain degré d'habileté. Les types et les caractères gravés sur les monnaies des premières et des dernières émissions, présentent, sinon une grande pureté de traits, du moins quelque finesse de détails. Les caractères himyaritiques surtout sont d'un beau relief, net et vivement traité, et ressortent admirablement sur le fond uni du champ. Les traits du visage sur les monnaies les plus anciennes, et aussi sur quelques-unes des dernières émissions, offrent parfois des traces de noblesse. Le dessin de la chouette, dans ses moindres détails, celui du diota, celui de la couronne de feuillages, sont d'une exactitude souvent scrupuleuse. Enfin tout cet ensemble révèle un art qui paraîtrait extraordinairement avancé à ceux qui sont dans l'ignorance du haut et brillant degré de civilisation atteint par le royaume des Homérites, vers la fin de l'âge antique et le commencement de l'ère moderne. Les émissions moyennes, tout au contraire, présentent parfois de graves incorrections de dessin; les caractères des figures sont étrangement modifiés et corrompus, les profils de la tête du droit deviennent d'une barbarie qui va jusqu'au grotesque; seul, le type de la chouette se maintient avec une grande clarté à travers toute la série.

Mais si les types monétaires sont souvent gravés avec soin, on ne peut faire le même éloge du procédé de frappe usité par les ouvriers monétaires des tobbas Homérites ; il paraît avoir été des plus primitifs et a donné, pour le trésor qui est sous nos yeux, des résultats déplorables. En effet, une grande quantité des monnaies de San'â présentent des traces parfois très marquées d'une frappe défectueuse, consistant surtout en un ressaut du coin qui a considérablement défiguré les types et les légendes. Les caractères semblent multipliés par trois ou quatre fois, les profils sont doublés, les monogrammes offrent une confusion fort gênante. Heureusement que j'ai pu faire un choix parmi les exemplaires exempts de ces imperfections, et que fort peu des pièces que j'ai fait graver présentent des traces de ressaut ; je noterai cependant soigneusement ces accidents lorsque le cas se présentera.

Je vais étudier le type des monnaies de San'â d'une manière générale avant de passer à l'examen des modifications des divers éléments de ce type, modifications d'ordre plus spécial qui me permettront d'établir une série de variétés classées chronologiquement.

J'étudierai successivement le droit et le revers.

Au droit, figure une tête diadémée presque toujours tournée à droite, et constamment imberbe, car la mode macédonienne avait pénétré là, comme

2

en Bactriane, en Cappadoce, en Characène. Cette tête présente, surtout par la disposition de la coiffure, deux types essentiellement distincts, répartis eux-mêmes en un certain nombre de catégories secondaires, types dont l'éclatante diversité sera la base, on le verra, de notre classification chronologique, et nous permettra d'affirmer d'une manière relativement assez précise l'époque à laquelle correspond l'ensemble de la trouvaille. Je remets au moment où je traiterai de ce point capital, les observations que j'ai à présenter sur la signification de cette tête ; j'ajouterai quelques mots au sujet du diadème. Il me suffira, pour l'instant, de dire que très probablement il s'agit ici d'une tête royale et non de celle d'une divinité.

Outre le diadème qui la ceint, la tête du droit est environnée d'une couronne de feuillages ressemblant fort à ceux de l'olivier, couronne dont les modifications successives me fourniront quelques éléments pour le classement chronologique des diverses variétés. De nombreuses monnaies d'Athènes, entre autres presque toutes celles des séries dites à monogrammes, portent une couronne exactement semblable, mais placée *au revers*, autour de la chouette. Toutefois, pour nos monnaies himyaritiques, je crois qu'il faut plutôt rechercher l'origine de cet ornement, comme celle de bien d'autres éléments de ces types numismatiques, dans le numéraire des Séleucides, prototype certain de toutes ces émissions monétaires des anciens royaumes arabes, aussi bien de la Characène que des Nabatéens ou des Homérites. Beaucoup de pièces des rois de Syrie présentent une couronne de feuillages absolument pareille, environnant la tête royale. Je donnerai quelques exemples, lorsque je chercherai à tirer parti de ce rapprochement pour fixer la date des plus anciennes émissions du trésor de San'â.

La couronne de feuillages est liée à sa partie inférieure par un lac ténu, artistement noué.

Sous le cou, ou bien derrière la tête, figurent parfois sur les pièces du type que je démontrerai être le plus récent, des caractères isolés dont l'importance est grande, mais qui, sur presque toutes les autres monnaies de la trouvaille, figurent exclusivement dans le champ du revers ; je n'en dirai donc pas plus en ce moment, me réservant d'étudier ces caractères lorsque je passerai en revue les éléments qui occupent ce second côté de la médaille.

Une dernière remarque à propos du type du droit est que, très généralement, il se trouve être plus fruste que celui de la face opposée; il semble que la surface soit de ce côté plus bombée et ait été davantage exposée aux frottements de toutes sortes ; d'autres fois, c'est le coin qui paraît n'avoir pas mordu ; beaucoup de têtes sont ou complètement effacées, ou si mal venues que le contour seul en est visible, et encore très imparfaitement.

Les éléments composant le type du revers sont plus nombreux que ceux du droit. J'ai dit déjà qu'au centre on apercevait une figure unique qui se reproduit invariablement d'un bout à l'autre de la série, avec des différences légères provenant de copies successives. Cette figure caractéristique empruntée au monnayage athénien, c'est la chouette de face posée sur un diota couché qui représentait, on le sait, l'amphore panathénaïque (1). L'oiseau de Minerve est copié avec le plus grand soin, surtout sur les émissions les plus anciennes; le corps, le plus souvent svelte et élancé, parfois plus court et trapu, la tête énorme avec les gros yeux globuleux, le bec menu, les pennes de la queue et de l'extrémité inférieure des ailes finement déliées, les plumes de la poitrine et du ventre légèrement ébouriffées, les pattes et leurs jointures avec leurs petites touffes de plumes délicatement indiquées, les serres étreignant le diota, chaque détail est traité avec précision. Le diota lui-même présente de nombreuses variétés ; tantôt fort allongé, plus rarement à panse courte et sphéroïdale, très souvent privé de ses anses, (ce qui, par parenthèse, le transforme en un simple vase), parfois d'un dessin tout à fait incorrect, produit imparfait, d'imitations successives exécutées avec négligence. D'autres fois, au contraire, il est vraiment charmant de forme et d'une exactitude si grande dans ses moindres détails qu'il a très certainement été copié sur l'original. (2)

Un chapelet de petites amphores, reliées bout à bout et formant couronne, marque la limite extrême du champ de revers. Sur certaines variétés, ces petits vases sont représentés avec une assez grande vérité ; sur d'autres, principalement sur les émissions les plus anciennes, ils sont à peine reconnaissables (3), et semblent plutôt une suite d'ovoïdes très allongés, séparés par de petits points ronds ou besants. C'est qu'ici encore il y a un fait d'imitation ; la couronne pri-

(1) Beulé : *Les monnaies d'Athènes*. 1858. p. 82.

(2) Voyez les exemplaires gravés aux nos 43, 45, 48, etc.

(3) Voyez le no 3 de la pl. I.

mitive n'a point été formée d'amphores, et il faut également en rechercher le prototype sur les monnaies des Séleucides. Pour peu, en effet, qu'on interroge cette si vaste numismatique royale syrienne, on verra de très nombreuses pièces environnées d'une couronne de dessin tout spécial, qui rappelle d'une manière frappante celle du revers des pièces himyaritiques ; les éléments qui la composent, bandelettes étroites, renflées de distance en distance, de manière à constituer des ovoïdes très allongés, séparés les uns des autres par des nœuds, ne sont autres, on le sait, que la reproduction de ces petites bandelettes de laine qui forment sur l'omphalos d'Apollon un réseau dans lequel elles sont fort reconnaissables. C'est cette couronne d'origine toute spéciale, produit de la fertilité d'imagination des artistes syriens, cherchant à rappeler de mille façons l'origine que s'attribuaient les Séleucides (1), c'est cette couronne que les ouvriers monétaires des Homérites ont primitivement copiée. Peu à peu, le souvenir du prototype se perdit pour eux, qui n'avaient pas, comme les Syriens, une raison nationale pour y tenir ; ils confondirent ces renflements successifs de la bandelette avec la panse étroite et allongée de l'amphore qui figurait sous la chouette; ils prirent pour les extrémités du vase, les nœuds progressivement déformés qui retenaient de place en place les fils de laine composant chaque bandelette, et firent ainsi un chapelet de petits vases. C'est de cette manière, suivant toutes probabilités, qu'a dû naître cet ornement caractéristique, qui figure constamment au revers des monnaies de la trouvaille de San'â. En tous cas, la couronne de petits vases ne paraît sur aucune pièce d'Athènes.

Dans le champ du revers, autour de la figure principale, constamment reproduite, se groupent un certain nombre d'éléments formant légende ou monogrammes, ainsi que des caractères isolés. Parmi ces éléments que je vais successivement passer en revue, les uns se retrouvent sur toutes les pièces de la série, les autres sur un certain nombre de variétés seulement. Je commen-

(1) A propos de ce grenetis si caractéristique qui entoure l'effigie de tant de rois de Syrie, M. de Longpérier dit, à la p. 26 de son *Mémoire sur la chronologie des Arsacides*, publié en 1853 : « Je dois indiquer la belle observation de l'abbé Cavedoni, qui a reconnu une bandelette de laine semblable à celles qui, entrelacées, recouvrent l'*omphalos* sur lequel est assis Apollon. Ce savant antiquaire pense que c'est là encore une allusion à l'origine prétendue des Séleucides (*Spicilegio numismatico*, Modène, 1838, 8°, p. 260). L'ouvrage si curieux de M. Cavedoni est très rare en France et malheureusement beaucoup trop peu connu des numismatistes. »

cerai par un des plus importants : c'est une légende unique et invariable qui figure sur tous les produits des émissions que nous verrons être les plus anciennes. Cette légende unique constitue peut-être la difficulté principale de l'interprétation de toute cette série monétaire. Jusqu'ici, elle n'a, à ce que je crois, pu encore être expliquée, et ce n'est pas moi qui puis me charger de lui donner une interprétation. Je me hâte de dire qu'il ne saurait être ici question du nom d'un seul et même souverain régnant, comme sur la petite pièce d'Aran-Iacaf[m], publiée par M. de Longpérier, ou sur celle attribuée à 'Amdan, qui est à Londres. En effet, dans notre trésor déjà, la légende unique se trouve employée dans un nombre d'émissions beaucoup trop considérable, pour qu'elle ait pu appartenir à un même prince ; mais, preuve autrement importante, cette légende se retrouve identiquement la même sur une monnaie de date bien différente, celle que M. Barclay Head a fait graver sous le n° 3 de la planche accompagnant sa communication, et dont j'ai reproduit la description à la page 6, n° 2. Il paraîtrait donc bien difficile qu'on puisse retrouver un même nom de prince sur des monnaies de dates si diverses, à moins cependant qu'on n'admette, ce qui est, au contraire, fort plausible, qu'il en est ici comme des monnaies de certaines races royales antiques, celle des rois parthes, par exemple, qui, presque toutes, présentent le nom d'Arsace, puisque ce n'est que par exception qu'il ne s'y trouve pas, tous les princes de la dynastie portant ce même nom de père en fils.

Pour étudier convenablement cette légende mystérieuse, il faut commencer par la séparer soigneusement sur celles des monnaies de San'â, où elle figure, d'avec certains éléments étrangers qui semblent parfois en faire partie tant ils sont rapprochés d'elle ; ce sont trois caractères placés à sa droite, et qui ne sont, comme il est facile de s'en apercevoir, que la copie plus ou moins servile, plus ou moins altérée des lettres Α Θ Ε, triade célèbre qui figure au revers de si nombreuses monnaies athéniennes, et qui, avec la chouette, constituait dans le monde ancien tout entier, comme la marque distinctive, universellement reconnue, des ateliers monétaires de la grande république (1). Ces trois caractères, nettement helléniques, malgré leurs déformations successives, doivent, dans

(1) « Le monde ancien était accoutumé depuis des siècles, dit M. Beulé, à voir circuler les vieux types avec les trois lettres Α Θ Ε qui assuraient qu'on avait entre les mains cette belle monnaie d'Athènes, si pure, si bien garantie. » Beulé : *Les monnaies d'Athènes*, p. 84.

cette étude des éléments du revers, être étroitement rapprochés de la figure de la chouette, avec laquelle ils constituent un groupe à part, le groupe d'*imitation*, dans le sens vrai du mot, soit d'*imitation sans transformation*, groupe distinct de celui constitué par les éléments restants, et qui, celui-là, pourrait s'appeler le groupe national ou simplement himyaritique. Préoccupés, avant tout, à l'exemple de tous les innombrables imitateurs et plagiaires monétaires de l'antiquité et du moyen âge, de faire participer leur numéraire à la bonne réputation de la monnaie la plus estimée, qui, pour eux et leurs sujets arabes, était la monnaie athénienne, les tobbas, successeurs d'Himyar, copièrent servilement les éléments qui constituaient comme la caractéristique numismatique de la ville de Minerve. Non contents de transporter au revers de leurs drachmes, l'oiseau fameux qui avait fait donner dans tout l'ancien monde le nom populaire de γλαύξ aux pièces athéniennes, ils lui adjoignirent la triade non moins familière à tous, qui représentait le nom d'Athènes, et dotèrent ainsi leurs espèces d'un double et précieux passe-port, destiné à en faciliter la circulation sur ces marchés de Syrie et des côtes de la Mer Rouge, où nulle monnaie n'était plus en faveur que le tétradrachme athénien et ses divisions nombreuses. Plus tard, nous le verrons, les tobbas imitèrent jusqu'aux monogrammes qui figurent au revers de certaines séries d'Athènes ; mais ici, du moins, ce fut une imitation de procédé et non une imitation de caractères ; il y eut bien des monogrammes aux deux côtés de la chouette homérite comme il y en avait aux côtés de la chouette hellénique, mais ce furent des monogrammes nettement sémitiques.

Ce mode d'écrire ainsi les trois lettres Α Θ Ε, ensemble sur un même côté de la chouette, au lieu de placer l'Α à sa gauche et Θ Ε à sa droite, comme sur les monnaies athéniennes plus récentes, est, ainsi que le fait remarquer M. Head, caractéristique des pièces du plus ancien style. (1).

A mesure que nous étudierons les diverses variétés du trésor de San'â, lorsque nous tenterons de les classer chronologiquement, nous verrons combien les caractères Α Θ Ε, en même temps que se perdait graduellement le sens de leur valeur première, se sont souvent déformés, jusqu'à n'être presque plus reconnaissables. Pour le moment, je n'en dirai pas plus long sur leur compte,

(1) Voyez Beulé, *Les Monnaies d'Athènes*, pages 35, 37, 39 ; et les pièces indiquées comme étant de fabrique asiatique, pages 44 et 45.

et j'en reviens à l'examen de la légende unique. Celle-ci, une fois nettement dégagée des trois caractères helléniques que nous venons d'étudier, se présente comme composée de sept éléments, *six* caractères et *un* monogramme placé à l'extrême gauche, soit probablement à l'extrémité de la légende, puisqu'on sait que les Himyarites écrivaient indifféremment de droite à gauche et de gauche à droite. Ici encore, une distinction très importante est à faire et une division est possible. En effet, s'il parait probable, presque certain même, que les six premiers caractères de la légende constituent un terme unique, il est également certain que le monogramme de l'extrême gauche constitue un mot différent. Cette remarque pourrait au premier abord sembler puérile, d'abord, parce que, ainsi que nous allons le voir, l'explication de ce monogramme est aujourd'hui presque sûrement donnée, et qu'il est constant qu'il a une signification propre, mais aussi parce que, sur un certain nombre de pièces appartenant à des émissions plus anciennes, il se trouve si éloigné du dernier caractère de la légende proprement dite, qu'on ne saurait soutenir un instant qu'il puisse faire corps avec elle. Mais, comme nous le verrons également plus tard, il est d'autres monnaies un peu plus récentes sur lesquelles la tradition primitive s'est perdue ; sur celles-ci, le monogramme, après avoir progressivement remonté, en se rapprochant des caractères de la légende qui le précèdent sur la droite, finit par se trouver comme accollé à eux, et, à un premier examen superficiel, on jurerait qu'on a sous les yeux un terme unique, surtout si on n'a pas comme point de comparaison quelques exemplaires anciens moins altérés. Enfin, comme en des points si délicats, si peu étudiés encore, il n'est pas de remarque inutile, même lorsque la preuve semble être faite jusqu'à l'évidence, il ne paraîtra pas superflu que je produise un dernier argument en faveur de l'existence propre du monogramme qui nous occupe : c'est la présence isolée de ce même élément sur la précieuse pièce d'or publiée par M. Barclay Head (1). Sur le revers de cette monnaie qui, par les détails de la disposition de la coiffure sur la tête du droit, semble contemporaine des plus anciennes pièces du trésor de San'â, notre monogramme figure *seul*, sans accompagnement de la légende précitée, à la gauche de la chouette. Sur une autre fort ancienne monnaie himyaritique . dont j'ai également reproduit la description à

(1) Voyez la vignette de la page 6.

la page 5, d'après M. Barclay Head, qui l'a fait graver au n° 2 de sa planche, on retrouve encore le même monogramme, précédé cette fois d'une légende, malheureusement trop fruste pour être déchiffrée, mais qui semble, en tous cas, distincte de celle des monnaies de San'â. Par contre, sur la petite pièce n° 3 de la pl. de M. Barclay Head, dont j'ai parlé à plusieurs reprises (1), le monogramme figure toujours, mais cette fois, je le répète, en compagnie de la même légende, que sur les plus anciennes monnaies du trésor de San'â.

Voici donc qu'il est bien et dûment prouvé que le monogramme, tout en pouvant fort bien et même fort probablement se rattacher par son sens à la légende supérieure que nous étudions, constitue du moins un terme ayant une valeur distincte. Cette valeur, elle est, je viens de le dire, très probablement expliquée aujourd'hui, et c'est au colonel Prideaux que nous en devons la connaissance. On n'a qu'à consulter un alphabet himyaritique pour voir que trois lettres constituent ce monogramme : un *iod,* 𐩺, un *noun*, 𐩬, et un *phé*, 𐩰. Le *noun* est tantôt droit, tantôt retourné. Le colonel Prideaux a lu ces trois lettres par le mot *Yanâf*, *excellent,* titre donné aux rois dans les inscriptions. Cette interprétation est très probablement exacte; elle est très plausible et fort satisfaisante (2), et cette épithète pourrait assurément se rapporter au nom de peuple ou au nom royal générique qui se cache peut-être dans le terme encore mystérieux formé de six caractères, constituant ce qui reste de la légende, après élimination du monogramme.

Il est temps de parler de ces six caractères ; mais ce que j'en pourrai dire sera bien peu de chose, puisque le sens de ce groupe paraît avoir échappé jusqu'à présent aux sabéistes les plus compétents. La principale difficulté, en effet, gît en ce fait que sur les six caractères qui composent le mot inconnu, deux au moins, et peut-être quatre, dont deux sont identiques entre eux, ne font point partie de l'alphabet himyaritique, tel que nous le connaissons et ne se seraient encore, à ce qu'il paraît, retrouvés dans aucune inscription. En lisant de droite à gauche, comme pour l'Arabe moderne, et en prenant pour types les

(1) Voyez p. 6, n° 2, et p. 13.

(2) « *A Himyaritic monogram*, dit M. Prideaux, *is not unlike an English one, and may generally mean anything, according to the fancy of the reader, but the word « Yanâf » is, I think, not to be mistaken in this present figure.* » (Transactions of the Society of Biblical archeology, 1873, t. I, part. I). J'ai dit à la page 7, que M. Prideaux, dans une note additionnelle placée à la fin de ce même article, avait donné de ce monogramme une explication différente, qui parait moins soutenable.

caractères vraisemblablement plus purs des plus anciennes émissions, nous trouvons d'abord un caractère assez semblable à un *aleph* hébreu ou à un *aleph* incomplet du Safa, plus ou moins obliquement incliné de gauche à droite ; cette lettre ainsi figurée ne se retrouve, à ce qu'il semble, dans aucune inscription publiée jusqu'ici. Puis vient un second caractère se rapprochant d'un *beth* himyaritique à angles arrondis. La troisième lettre, également inconnue dans l'alphabet himyaritique, a la forme du V latin. La quatrième peut, de même que la seconde, être considérée comme un *beth* himyaritique. Enfin, la cinquième et la sixième qui sont identiques, assez semblables sur les pièces que je crois les plus anciennes, à un *rho* grec cursif, ne paraissent pas davantage être des caractères himyaritiques connus par les inscriptions. C'est tout au plus si on retrouve une unique fois, dans le mot ⧫ΠϷΧЧ, qui appartient à l'inscription de la table de libation figurée par Ernst Osiander dans sa vingt-septième planche (1), d'après la publication du Musée Britannique (2), un *lamed* retourné, dont la forme anormale rappelle d'assez près celle de ces deux caractères (3).

Nous voici donc en présence d'une légende unique dont les caractères, soit par suite de leur déformation, soit pour toute autre cause, sont, pour la plupart, inconnus aux sabéistes, et nous nous trouvons forcés de suspendre entièrement notre jugement sur cet élément si important du type des revers. Avec M. Barclay Head, du reste, je ne doute pas un instant que d'ici à fort peu de temps le mystère ne soit éclairci. Peut-être les matériaux nombreux que je livre aujourd'hui à la publicité, contribueront-ils, pour leur part, à cet heureux résultat.

S'il ne nous est pas possible d'interpréter ces six caractères, du moins nous est-il permis d'indiquer certaines probabilités. Un point, en effet, parait acquis, c'est que le terme formé des six caractères est suivi du monogramme *Yanâf*, autrement dit de l'épithète *excellent*, qui peut s'appliquer également soit à un nom de peuple ou de race, soit à un nom royal adopté uniformément par tous les princes d'une même dynastie, ainsi que je l'ai dit déjà à la page 13. Les monnaies himyaritiques portent-elles ce nom de roi constamment reproduit comme le nom des Ptolémée, des Arsace, des Philétaire

(1) E. Osiander : *Zur himyarischen Alterthumskunde*. Leipsig. 1864, 8o.

(2) *Inscriptions in the himyaritic character discovered chiefly in the southern Arabia, and now in the British Museum*. Londres, 1863, 4o.

(3) Nous nous servons, pour le moment, de la comparaison de tous ces caractères avec ceux que nous connaissons par des copies de textes, imprimés pour la plupart; mais c'est là un procédé fort imparfait, car les anciens n'observaient pas la régularité typographique.

à Pergame (1), ou bien au contraire un nom de peuple? Voilà tout ce que nous pouvons dire, et comme l'épithète *Yanâf* suit le nom du roi Samaali dans les inscriptions (par exemple dans les deux numéros 45 et 665 de la collection Halévy (2), il y a quelques probabilités en faveur d'un nom royal; mais je ne voudrais rien proposer de plus arrêté.

Pour le premier caractère de droite, pourrait-on peut-être songer à un *samech* himyaritique, ꟾ, fort déformé? Sur certaines monnaies, sur le n° 2 de notre première planche, par exemple, la différence ne paraît point excessive; il suffirait de repousser vers la droite et de redresser quelque peu l'élément supérieur de ce caractère. La seconde lettre paraissant être un *beth*, nous aurions le commencement du terme *Sab*..... Mais là s'arrêteraient nos pas dans cette voie absolument hypothétique, puisque le troisième caractère, celui qui est fait comme un V, est encore inconnu et ne saurait se plier à aucun de nos *desiderata*.

J'attire l'attention sur les variations considérables que présente parfois, d'une pièce à l'autre, chacun des six caractères de la légende. Sur les pièces les plus récentes, leur forme semble réellement être altérée: il paraît en être surtout ainsi du caractère n° 1 et des deux caractères identiques n°s 5 et 6.

Ainsi que je l'ai dit plus haut, et que nous le verrons lorsqu'il s'agira du classement chronologique, la légende unique dans son ensemble, en d'autres termes les six caractères et le monogramme *Yanâf*, ne figure que sur une partie des exemplaires les plus anciens du premier groupe de la trouvaille de San'â. Lorsqu'elle disparaît du revers, elle y est remplacée par les monogrammes accouplés que nous allons étudier dans un moment. En même temps qu'elle, disparaissent également d'une manière définitive, les trois caractères grecs ΑΘΕ, et deux caractères himyaritiques faisant partie d'une autre triade qui va nous occuper maintenant.

Cette triade, spéciale au même groupe de monnaies déjà caractérisé par la présence de la légende supérieure (groupe représenté sur la planche I par les monnaies gravées sous les numéros 1 à 17), figure également à droite de la chouette, au-dessous des trois caractères d'origine grecque; elle se compose de deux lettres himyaritiques, un

(1) « Les types et l'inscription des monnaies des rois de Pergame sont parfaitement uniformes du commencement à la fin. On n'y lit jamais que le nom du *fondateur de la dynastie*, ΦΙΛΕΤΑΙΡΟΥ, sans que le titre royal l'accompagne; la mention du roi régnant se cache sous un monogramme placé dans le champ, ou une lettre au-dessous de la Minerve assise qui forme le type du revers. » F. Lenormant : *La Monnaie dans l'Antiquité*, t. II, p. 41.

(2) *Journal asiatique*, VIe série. t. XIX, pages 135 et 262.

hé, Ψ, et un *daleth pointé*, Ħ, placé à sa droite. A la gauche du *hé*, c'est à dire au-devant de lui, en lisant suivant le mode arabe, est placé le troisième élément qui est, non une lettre, mais un signe assez pareil sur nos monnaies à un I tordu (avec ou sans petites barres inférieure et supérieure), qu'on retrouve en tête de plusieurs inscriptions himyaritiques. Ce signe n'a point encore été expliqué; toutefois Osiander dit qu'il lui paraît destiné à marquer le commencement des inscriptions (1), et nous le considérerons avec lui comme tel. C'est sous ce nom de signe initial que nous le désignerons constamment dans la suite.

Dans une unique inscription gravée sur une tablette de bronze reproduite par Osiander (2), ce même signe est placé, par exception, à la fin et non au commencement de la légende. Sur un certain nombre de nos monnaies, le signe initial, au lieu d'être plein et linéaire, est indiqué par deux traits parallèles; autrement dit, il est ajouré (3); le plus souvent alors, entre les traits supérieur et inférieur, un ou deux traits horizontaux coupent l'espace vide en deux ou trois compartiments d'égale longueur; le signe ajouré est alors comme cloisonné (4). Sur quelques inscriptions himyaritiques on le retrouve parfois représenté exactement de la même manière. Il en est ainsi, notamment, sur un certain nombre des beaux fragments dont M. A. Goupil a fait don récemment à la Bibliothèque nationale, et qui ont été exposés dans la salle orientale de l'Exposition historique du Trocadéro en 1878 (5).

Tantôt la direction générale du signe initial est oblique de gauche à droite, tantôt elle est dans le sens inverse. Par exception, sur quelques exemplaires, par suite d'une surfrappe ou d'un ressaut du coin, le seul caractère *hé* figure à la gauche du signe initial, le second caractère *daleth pointé* ayant disparu (6). D'autres fois, la position du signe initial par rapport au *hé* a été intentionnellement modifiée (7).

Les deux caractères *hé* et *daleth pointé* qu'on retrouve, il est vrai, au dire de M. Barclay Head, sur la petite monnaie gravée au n° 3 de sa planche, mais qui sur les monnaies du trésor de San'â, figurent uniquement sur des drachmes, n'ont point

(1) Op. laud. p. 118 : « *Das grosse Zeichen zu Anfang der Linie 1 und 2 scheint darauf inzuweisen, dass hier die Inschrift beginnt.* »

(2) *Ibid.* pl. XVI.

(3) Voyez les n°s 13 de la pl. I, et 41, 45 et 46 de la pl. III.

(4) Voyez les n°s 6 et 8 de la pl. I, 28 de la pl. II, 52 de la pl. III.

(5) Voyez un superbe signe initial ajouré et cloisonné sur l'inscription figurée sur la pl. XXXI d'Osiander.

(6) Voyez le n° 6 de la pl. I.

(7) Voyez les n°s 8 et 13 de la pl. I.

encore été expliqués. Je serais disposé à croire que cette marque est celle de l'uni monétaire, c'est-à-dire de la drachme. Comme elle se retrouve sur des pièces de typ fort différents, elle doit avoir un sens fixe, à l'égal du *noun* isolé, par exemple.

Voici ce que j'ai à dire au sujet des monnaies les plus anciennes portant la légen supérieure au revers. Sur tous les autres groupes de la trouvaille de San'â, les de caractères, je le répéte, disparaissent en même temps que la légende supérieure et l trois lettres ΑΘΕ. Au contraire, le signe initial persiste sur toutes les monnaies de trouvaille; aussi bien sur celles du groupe ancien à tête portant la coiffure national que sur celles plus récentes offrant la tête que nous appellerons romaine ou *augu téenne*. Il figure également en compagnie du monogramme *Yanâf* au revers de monnaie d'or unique dont j'ai parlé à plusieurs reprises.

Il nous reste, dans cette étude générale du type du revers, à parler de deux élémen d'une inégale valeur : un premier qui figure sur presque toutes les monnaies de trouvaille et qui consiste en un caractère isolé, de signification très importante ; le se cond, qui ne paraît que sur les pièces où ne figure pas la légende, et qui consiste en u groupe de deux monogrammes placés aux côtés de la chouette.

Le caractère isolé, dans le champ du revers, est, nous l'avons dit, un *noun*, ЧƗ. Nou le verrons dans le principe, c'est à dire sur les plus anciennes monnaies de la trou vaille de San'â, disposé bien à part, sous la queue de la chouette (1); puis, sur les copie successivement dégénérées, il tendra peu à peu à se déplacer et à remonter par dessus l queue de l'oiseau pour se rapprocher progressivement du monogramme *Yanâf* et d reste de la légende, si bien que l'on croirait avoir à faire à un seul et même mot (2); serait même impossible dans ce cas d'admettre qu'il s'agit bien là d'un caractère isolé si on n'avait sous les yeux des exemplaires moins altérés, où le *noun* est encore e place. Sur la première planche annexée à ce mémoire, on peut fort bien suivre cett dégradation presque insensible d'un exemplaire à l'autre, cette migration qu'accompl progressivement le *noun* de la partie inférieure à la partie supérieure du champ, pa derrière la queue de l'oiseau.

Plus tard, quand disparaît la légende, le *noun* persiste, je l'ai dit, sur les types à monogrammes : un instant il reprend sa place à l'exergue du revers sous le diot couché (3), puis il remonte à gauche et va se placer sous le monogramme de ce côté

(1) Voyez les nos 1 à 11 de la pl. I.
(2) Voyez les nos 12 à 17 de la pl. I.
(3) Voyez les nos 18 et 19 de la pl. I;

Il demeure longtemps dans cette position nouvelle, parfois se confondant presque avec le monogramme, tant il s'en rapproche. Plus tard enfin, sur les pièces les plus récentes qui forment notre second groupe (groupe à la tête *augustéenne*), le *noun*, comme je l'ai dit à la page 10, quitte définitivement le revers pour passer au droit et figurer d'abord sous le cou, puis derrière la tête du personnage royal. Tantôt alors il est droit et tantôt retourné, suivant le système du *boustrophédon*.

Quelle est la signification de ce caractère isolé qui reparaît avec une si grande persistance sur les produits de tant d'émissions successives, et qui figure déjà, on se le rappelle, gravé en relief sur la joue de la déesse, sur les plus anciennes monnaies connues frappées par les princes Homérites à l'imitation du numéraire athénien (1)? Très probablement c'est l'initiale d'un de leurs ateliers monétaires les plus importants. Nous pouvons presque affirmer le fait, par analogie avec des types déjà connus, et cela, en constatant sur le revers d'une autre pièce himyaritique précédemment étudiée, la présence d'une initiale également isolée dans le champ du revers, qui, elle, est certainement l'initiale d'une ville monétaire. Je veux parler de cette petite monnaie d'argent encore inédite conservée au British Museum, et qui porte un *resch* himyaritique isolé, dont on peut affirmer qu'il est l'initiale de la grande ville homérite de Raïdan (2), puisque, comme je l'ai dit à la page 2, sur un autre exemplaire publié par M. de Longpérier dans la *Revue numismatique* de 1868, le nom de Raïdan figure en toutes lettres : 𐩧𐩺𐩵𐩬.

Quelle est la ville que représente ce *noun*? Ce devait être une cité très considérable où des monnaies royales furent frappées durant un si long espace de temps. Or, dans l'antique royaume des Homérites, il n'en est guère qu'une qui puisse convenir, c'est celle de Nagran, et, je l'ai dit en commençant, M. de Longpérier, dès l'arrivée des premières empreintes qui lui furent soumises en 1878, avait prononcé ce nom. « J'attribue, m'écrivait-il à Constantinople, la totalité des monnaies portant le *noun* isolé à la ville de Nagran (Νέγρανα, *Nadjran* des Arabes du moyen âge), que les Romains d'Ælius Gallus prirent et pillèrent avant d'arriver à Mariaba ou Mareb, la ville de la Grande digue (3). Le *noun*, initiale du nom de cette place importante, est l'élément constant qui se retrouve, d'abord au revers, en diverses places, puis ensuite au

(1) Voyez les deux monnaies figurées par M. Barclay Head sous les n°s 1 et 2 de la planche accompagnant son mémoire, et décrites à la page 5 du présent travail.

(2) Qui se trouve associée à Saba dans les inscriptions.

(3) Nagran a été, à l'époque des croisades, une ville monétaire du célèbre Malek el Adel.

droit, avec les différents types que contient le trésor; c'est un fait qui m'avait frappé dès l'arrivée des premières empreintes que m'a remises M. Feuardent en 1878, et l'examen de la trouvaille de San'â ne fait que confirmer cette opinion » (1).

J'ai vu au bazar de Constantinople, malheureusement sans pouvoir l'acquérir, un tétradrachme purement athénien, de style ancien, qui portait en contremarque profonde, sur la joue de la déesse, un *noun* himyaritique très reconnaissable. Certainement, avec quelque attention, on retrouverait d'autres exemplaires identiques. Voici donc que nous avons sous les yeux comme l'histoire entière de l'atelier monétaire de Nagran, qui est en même temps celle de la monnaie des tobbas Homérites. D'abord ces souverains et leurs sujets se contentèrent du numéraire athénien proprement dit dont la circulation était si considérable; bientôt après, pour assurer à cette monnaie un cours plus régulier dans toute l'étendue de leur territoire, ils la marquèrent d'un signe spécial, lui imprimant une contremarque, et choisirent pour telle l'initiale de Nagran, probablement une des villes importantes à cette époque (2), et où devait se pratiquer cette opération de poinçonnage. Plus tard encore, quand pour diverses raisons, le numéraire athénien fut devenu trop peu abondant pour les besoins sans cesse grandissants du commerce, les Homérites frappèrent monnaie pour leur compte, et imitèrent presque servilement les tétradrachmes athéniens anciens à flan épais qu'ils avaient sous les yeux, se contentant de faire figurer sur quelques-uns des légendes himyaritiques; mais toujours l'initiale caractéristique de la ville arabe continua de figurer sur la joue de Minerve, non plus en contremarque, il est vrai, mais bel et bien gravée sur le coin avec les autres détails du type du droit. Tels sont les exemplaires cités par M. Barclay Head, dont deux sont gravés aux numéros 1 et 2 de sa planche, et dont j'ai reproduit la description à la page 5.

Enfin, lorsque fut passé le temps des tétradrachmes athéniens de flan épais, les Homérites, continuant à copier leur numéraire sur celui de la république

(1) M. de Longpérier avait rédigé sur ce point une note qu'il s'apprêtait à publier. Avec son désintéressement accoutumé, mon savant maître a voulu me laisser le plaisir de faire connaître dans le présent travail cette découverte si intéressante.

(2) Je dis à dessein « ville importante » et non « ville ou résidence royale », expression qui serait de nature à faire naître des idées peu exactes sur l'état de l'antique Arabie. Il y avait des rois aussi bien à Nagran qu'à Méïn, à Asca, à Mareb, etc. De même qu'en Palestine, il y avait des rois partout.

grecque, et à considérer le type de la chouette comme la caractéristique de toute bonne monnaie, se mirent à imiter les tétradrachmes de coin nouveau à flan plus large et plus mince (1) : ce sont là les monnaies de la trouvaille de San'â; ils frappèrent à ce type nouveau des émissions fort nombreuses, sous bien des règnes, et durant un espace de temps qui se compte peut-être par siècles, mais toujours encore, la ville de Nagran semble avoir été un de leurs ateliers monétaires principaux, puisque sur presque toute cette longue série que nous offre la trouvaille de San'â, figure invariablement le *noun* initial de la grande ville homérite, depuis les plus anciennes monnaies du trésor, remontant peut-être au second siècle avant l'ère chrétienne, jusqu'aux types frappés au premier siècle de notre ère, sous l'influence directe du numéraire impérial romain. Dans ce si long espace de temps que dura pour le *noun* de Nagran cette manière d'être nouvelle, il éprouva, nous l'avons vu, bien des modifications secondaires, il passa insensiblement de l'exergue du revers à la partie supérieure du champ, gagna plus tard la face opposée de la monnaie et y accomplit encore le même trajet successif, figurant d'abord sous

(1) Je n'ai pas voulu insister, au début de ce travail, sur les raisons qui engagèrent les Homérites à adopter et à maintenir sur leurs monnaies les types athéniens si universellement connus, à travers un espace de temps aussi prolongé. Ces raisons, comme aussi les causes qui avaient tant familiarisé les Arabes de l'antiquité avec le numéraire d'Athènes, tous les numismatistes les conçoivent sans peine. Il ne me paraît cependant pas inutile de reproduire ici, à titre de document, le bien instructif paragraphe que M. B. Head a consacré à ce sujet si intéressant dans sa note du *Numismatic chronicle.*

« Avant d'aller plus loin, dit le savant numismatiste anglais, je m'efforcerai d'expliquer en peu de mots comment il se fait que les types monétaires athéniens aient pu durant un si long espace de temps influencer si complètement ceux des Arabes.

« Vers l'an 196 av. J.-C., et de nouveau en l'an 168, Athènes reçut des Romains de vastes agrandissements de territoires (Herzberg. *Gesch. Gr.* I. 312, 313), parmi lesquels l'île de Délos se trouva être une acquisition de la plus haute importance. Elle fut créée port franc en 167 av. J.-C., sous administration athénienne, et, après la chûte de Rhodes et la destruction de Corinthe, en 146, elle en arriva, comme centre des transactions avec l'Orient, à un degré d'importance commerciale encore inconnu de toute autre cité grecque (Strabon, X, 5, 744). Le marché de Délos, plus semblable à une foire immense, était fréquenté par des multitudes de riches marchands de Tyr et des autres villes de la côte phénicienne, qui entretenaient un commerce des plus actifs avec ce comptoir si admirablement situé à mi-chemin de la Grèce et de l'Italie d'une part, de l'Asie de l'autre.

« Athènes, en qualité d'administrateur de l'île, se trouvait être naturellement le fournisseur attitré du numéraire nécessaire à de si nombreuses transactions, et c'est ainsi que les nouveaux tétradrachmes à flan plus large et plus mince, frappés pour la première fois vers 196 av. J.-C., entrèrent dans les coffres des riches marchands Tyriens, et prirent la voie des ports des côtes de

le cou de la tête royale, puis remontant derrière elle. On le voit, les évolu tions de ce simple caractère isolé sur le numéraire homérite, sont aussi cu rieuses qu'instructives.

Voici donc que, grâce au trésor de San'â et à la petite monnaie du tobb Aran Iacafm, nous connaissons jusqu'à présent deux ateliers monétaires sabéen Raïdan et Nagran. Ce n'est pas tout encore; et grâce toujours à notre tréso nous pouvons affirmer qu'il devait y en avoir d'autres dans l'étendue d Yémen.

En effet, sur un petit nombre seulement de nos monnaies, appartena presque toutes aux émissions dernières, nous trouvons le *noun* remplacé par d initiales différentes :

1°) Sur quelques pièces figure un *ghimel*, ℸ, qui occupe exactement alo dans chaque variété, les positions correspondantes du *noun*, c'est-à-dire, ur première fois, sur une unique monnaie du groupe ancien à coiffure national

Phénicie et de Palestine, ports parmi lesquels, comme nous l'avons dit en parlant des si ing nieuses attributions de M. Six, celui de Gaza fut un des plus importants dès l'époque la pl reculée. Cette cité avait été bien des fois détruite et aussi souvent rebâtie, ainsi qu'il en arri constamment de tout point du monde que la nature a marqué comme indispensable a échanges internationaux des peuples entre eux. A Gaza affluaient à travers le pays des Sabéer et par les voies de la Mer Rouge et de la grande route des caravanes du sud par le pa des Nabatéens, les épices de l'Arabie méridionale, l'or de l'Inde, ses pierres précieuses, s ivoire, son bois de sandal, ses étoffes de laine. En échange, les caravanes rapportaient, parmi dive autres produits de la Grèce et de l'Occident, des quantités énormes de numéraire d'argent première qualité, sous forme de tétradrachmes athéniens récoltés à la grande foire universe installée dans cette île de Délos, où, ainsi que nous l'apprend Strabon (XIV, 5, 2), entre autr marchandises, on débarquait parfois en une seule matinée jusqu'à dix mille esclaves amenés d marchés romains, qui se trouvaient vendus avant le coucher du soleil.

« Dans la période qui s'étend environ de l'an 146 av. J.-C., date de la destruction Corinthe, jusqu'à l'an 88 av. J.-C., lorsque Délos fut pillée et dévastée par Ménophane, un d amiraux de Mithridate (Pausanias, III, 23), désastre dont l'île ne se releva jamais, la circul tion de ces tétradrachmes athéniens dut acquérir des proportions véritablement énormes. Deux a plus tard, en l'an 86, Athènes elle-même fut assiégée et prise par Sylla, et l'émission de monnaie d'argent y fut, sinon totalement abolie, comme le pense M. Mommsen, en tout c fortement réduite. Ce fut à cette époque, à ce que croient certains archéologues, que les nor des magistrats jusque-là inscrits en toutes lettres, furent remplacés par de simples mon grammes; le poids de la monnaie fut en même temps légèrement réduit. Les pièces ath niennes n'en continuèrent pas moins à être fabriquées avec un soin extrême.

« En supposant donc que ces émissions postérieures à l'an 86 aient été les dernières fab quées à Athènes, ce durent aussi être les dernières qui pénétrèrent dans le pays des Sabée et quand, peu d'années plus tard, celles-ci elles-mêmes firent défaut, les souverains du Yém et de l'Hadhramaut, alors au faîte de leur puissance et de leur gloire, durent se trouv

au revers, sous le monogramme de gauche (1), et, au contraire, derrière la tête, sur quelques autres demi-drachmes des dernières émissions du groupe à coiffure romaine (2).

2°) Sur une unique demi-drachme d'une de ces mêmes dernières émissions, le *noun* est remplacé par un *lamed*, ٦, dirigé de gauche à droite, et placé au revers sous le monogramme de droite (3).

Ce *ghimel* et ce *lamed* sont certainement les initiales de deux autres ateliers monétaires, mais lesquels? c'est ce que je ne saurais encore dire pour le *lamed*. Quant au *ghimel* voyez ce que j'en dis à la page 45.

3°) Sur deux drachmes du type le plus récent à coiffure à la romaine ou augustéenne (4), on aperçoit au revers, sous la queue de la chouette, à la place ancienne du *noun*, un caractère qui se rapproche du *tau pointé*, X, himyaritique mais qui est encore plus voisin d'une croix. Sur la seconde de ces drachmes, le *noun* de Nagran, qui, sur les autres exemplaires de cette série, figure d'ordinaire derrière la tête royale du droit, a disparu, mais, par contre, sur la première, on le distingue très nettement. Il paraît en conséquence difficile de faire également de ce caractère l'initiale d'un cinquième atelier monétaire inconnu.

Enfin, sur un petit nombre de pièces de la trouvaille, il n'existe, ni sur le

réduits à leurs seules ressources pour le numéraire en circulation. De même alors qu'après la chûte de l'hégémonie d'Athènes en 412 av. J.-C., la rareté de la monnaie athénienne de bon aloi avait donné naissance à ces imitations orientales (*et même himyaritiques*, G. S.) des pièces à flan épais de l'ancien style que nous avons déjà mentionnées, de même, lorsque les ateliers monétaires d'Athènes eurent cessé de produire du numéraire en quantités suffisantes, vers 86 av. J.-C., une seconde et nouvelle série d'imitations arabes prit naissance; mais cette fois les prototypes en furent les tétradrachmes à flan mince et plus large de nouveau style ». *Barclay Head*. l. c. pages 4-6.

On voit que M. Barclay Head place l'émission des premières monnaies du trésor de San'â vers le premier quart du dernier siècle avant l'ère chrétienne. On verra, p. 56, que je crois pouvoir reculer de quelque peu cette limite extrême, non pas que je n'attache également une grande importance à cette date de l'an 86 qui dut voir la diminution fort subite du numéraire athénien. Mais je crois que les rois Homérites, ayant, ainsi que nous le savons, dû commencer bien auparavant à monnayer eux-mêmes pour suppléer aux besoins toujours grandissants du commerce, toutes les pièces de notre trésor portant la légende unique à l'exclusion des monogrammes, peuvent être rapportées à une époque assez antérieure à cette date. Je serais, par contre, plutôt disposé à classer quelque peu après cet an 86, les plus anciennes monnaies de la trouvaille sur lesquelles figurent les seuls monogrammes.

(1) Pl. II, n° 35.

(2) Pl. III, n°s 57 et 58.

(3) *Ibid.*, n° 56.

(4) *Ibid.*, n°s 48 et 49.

revers, ni sur le droit, la moindre trace d'une initiale de ville. Sur quelques pièces plus anciennes (1), cette absence paraît être le fait de quelque défaut de frappe ou ressaut. Mais sur un certain nombre de pièces plus récentes, particulièrement celles de modules inférieurs (2), l'absence d'initiale sur des exemplaires bien conservés et bien frappés est très facile à constater; elle est constante sur tous les exemplaires d'ailleurs peu nombreux de ces mêmes variétés que contient le trésor, et ne peut plus alors être considérée comme accidentelle.

Nagran a été, je le répète, un très important atelier monétaire des Homérites, puisque nous retrouvons l'initiale de cette ville sur des émissions si nombreuses et séparées par un espace de temps aussi long, et qu'elle figure à la fois sur les monnaies himyaritiques les plus anciennes du British Museum et sur les plus récentes drachmes du trésor de San'â; mais, de ce que la presque totalité de ces pièces du trésor se trouve avoir été frappée dans cette officine, il ne faudrait pas en conclure que Nagran, à l'époque de l'émission de toutes ces séries, dut être l'unique ou même le principal atelier des Homérites, pas plus qu'une trouvaille de monnaies royales françaises portant toutes ou presque toutes le signe de l'atelier de Tours, par exemple, ne signifierait que Tours ait été l'unique officine monétaire de nos anciens rois. Très probablement un citoyen de Nagran ou quelque marchand ayant été à Nagran pour son commerce, avait rapporté à San'â ce pécule tout naturellement composé en grande majorité de monnaies frappées dans la ville même où il avait opéré ses transactions, et y circulant en quantités bien plus considérables que celles de tous autres ateliers. Tout naturellement aussi quelques pièces émises dans des ateliers plus éloignés dont nous ne connaissons encore que les initiales, se trouvaient mélangées à la masse totale, comme dans un dépôt de pièces béarnaises, par exemple, il ne semblerait point extraordinaire de rencontrer égarés parmi celles-ci quelques deniers du Languedoc ou de la Guienne.

Je dois encore étudier un dernier élément du type du revers, qui apparaît sur les monnaies lorsque cesse d'y figurer la légende supérieure, et qui y persiste constamment depuis, jusqu'aux dernières émissions contenues dans le trésor (3). Cet élément est constitué par de grands monogrammes,

(1) Voyez par ex., pl. II, n°s 27 et 28.

(2) Voyez pl. III, n°s 51 à 55.

(3) Voyez les n°s 18, 19, 20, de la pl. I, et tous les exemplaires sans exception gravés sur les deux autres planches.

constamment accouplés par paires, un de chaque côté de la chouette, monogrammes qu'il sera malheureusement de longtemps bien difficile d'expliquer clairement, je dirai tout à l'heure pourquoi, mais dont la parfaite analogie avec les monogrammes disposés absolument de même sur les monnaies athéniennes, frappe de prime abord l'observateur le plus superficiel. L'unique différence est que les uns sont formés de caractères himyaritiques, les autres de caractères grecs. Il en existe plusieurs types sur nos monnaies de San'â (sept en tout) fort diversement composés, et aussi diversement accouplés entre eux; j'étudierai successivement chaque type lorsque je tenterai une classification chronologique des diverses émissions. Je rappelle qu'il existe également des monogrammes sur la première petite monnaie himyaritique publiée par M. de Longpérier en 1868.

Quelle est la signification de ces monogrammes? L'interprétation que je viens de donner au *noun*, qui figure à l'état de lettre isolée sur presque toutes nos monnaies, conduit directement à ce fait que les monogrammes doivent contenir des *noms d'hommes*. En effet, cette initiale une fois admise comme se rapportant à l'atelier monétaire, il devient impossible de chercher dans les monogrammes de nouveaux noms de lieux dont la présence ferait tout simplement double emploi.

Nous pouvons faire un pas de plus, et affirmer que ces noms d'hommes qui se cachent dans les monogrammes himyaritiques sont *ceux des agoranomes ou magistrats de la ville*. En effet, il serait illogique d'y chercher des noms royaux, puisque ces monogrammes, marchant constamment par paires, désignent presque certainement *deux* personnages distincts; et que, bien qu'il y eut à cette époque relativement récente, plusieurs rois des Himyarites à la fois, il est très probable qu'il n'y en avait ordinairement qu'*un* par ville. En outre, je le répète, ces monogrammes himyaritiques sont absolument conformes à ceux gravés sur les monnaies athéniennes, et cette conformité même est une preuve de plus que nous ne nous trompons point dans notre appréciation ; ils offrent une série de combinaisons deux à deux extrêmement analogues à celles des pièces de la république, combinaisons dans lesquelles on est depuis longtemps habitué à chercher les noms des magistrats athéniens. (1)

(1) Cette conformité entre les pièces himyaritiques et athéniennes portant monogrammes, nous suggèrera même, on le verra à la fin de ce Mémoire, une remarque importante au sujet de la classification des monnaies d'Athènes, soutenue par Beulé, et assez universellement admise jusqu'ici.

J'aurais bien voulu donner, non pas seulement le simple développemen des monogrammes, mais aussi leur interprétation, et arriver ainsi à connaîtr les noms des magistrats ou officiers municipaux ou monétaires du Yémen duumvirs de cette grande ville de Nagran. Mais chacun sait déjà que lors qu'il s'agit de monuments grecs, la lecture des monogrammes, quand elle n'es pas appuyée sur la transcription intégrale des noms d'hommes, est fort ar due (1). Or, la difficulté habituelle se complique pour moi dans le cas qu nous occupe, on le comprend facilement, par un terme nouveau : l'ignoranc absolue de la langue. En effet, comme je l'ai dit en commençant, je ne sui point un sabéiste. Ici surtout, je fais de la numismatique, et pas autre chose Et, dans ce cas particulier, non-seulement le déchiffrement des monogramme est des plus pénibles par lui-même; mais une autre difficulté non moins grand consiste dans le manque absolu d'une nomenclature onomastique des Himya rites, liste précieuse qui eut pu nous mettre sur la voie de certaines inter prétations de ces groupes de lettres mystérieuses. Les sabéistes ont eu le tor en général, de ne point faire de collections de noms, ce qui eut cependan facilité singulièrement le classement des monuments qu'ils s'étaient donné l tâche d'interpréter.

En résumé, les monogrammes du revers contiennent à coup sûr des nom d'hommes, mais nous ne pouvons encore les lire avec certitude, et nous nou bornerons à indiquer la décomposition de chacun d'eux, à mesure que nou essayerons de classer chronologiquement les divers types de la trouvaille.

Il me reste à noter un dernier détail, pour achever l'étude du revers. On sait les nombreux symboles qui, sur les pièces athéniennes à monogrammes figurent concurremment avec ceux-ci dans le champ du revers. Ces symboles ne se retrouvent pas sur les pièces himyaritiques, à une seule exception près

(1) Par transcription intégrale placée à côté des monogrammes, je fais allusion à ce qui se voit par exemple, sur certains poids métalliques antiques offrant à la fois les noms entiers des agoranomes et les monogrammes de ces mêmes magistrats. Voyez : Longpérier, *Description de quelques poids antiques*, dans les *Annali dell' Instit. Archeologico*, t. XIX, 1847, pages 333-347, *Monum.* pl. XLV du tome IV, n° 12. Une demi-mine de bronze d'Antioche donne à la fois les noms des agoranomes Nicanor et Apollonide et leurs monogrammes. Ces monogrammes se trouvent déjà reproduits dans la *Description des médailles grecques* de Mionnet (Recueil de Planches, 1808 pl. XI, n° 892, et pl. VII, n° 547), mais ce sont les légendes du poids qui en ont donné la lecture.

celle d'un petit vase couché qui est placé sous le monogramme de gauche de la plus ancienne émission portant ces groupes de caractères (1).

Je vais tenter maintenant de classer chronologiquement les émissions et variétés fort nombreuses que contient le trésor de San'â ; cette œuvre de détail, succédant aux vues d'ensemble exposées jusqu'ici, nous permettra non-seulement de comprendre dans quel ordre se sont succédé les différents types, mais encore d'arriver à quelques conclusions assez précises au sujet de l'*époque* probable de l'émission de ces nombreuses séries.

Je m'attacherai à donner une description très exacte des moindres variétés, parce qu'une fois ce trésor dispersé, un semblable examen deviendra impossible; et que c'est, du reste, de l'appréciation des moindres nuances que résultent les bonnes classifications. Je tiendrai compte des plus légers détails qui pourront m'aider à mettre chaque pièce à son rang.

Avant tout, je rechercherai celle de toutes nos variétés qui offre les caractères les plus anciens. Tous les numismatistes comprendront que la tâche, pour être des plus délicates, n'est pas impossible. Puis je considérerai le type constant et ses accessoires, qui figurent au revers, comme un véritable *criterium*, parce que les différences que j'y relèverai proviendront à coup sûr des copies successives progressivement dégénérées, copies successives dont la série implique un espace de temps assez considérable.

Ce point de vue adopté, j'arrive de prime abord à la constatation de ce fait que la monnaie sur laquelle le type de la chouette athénienne conserve encore, malgré l'usure des siècles, par son relief, par la finesse de ses détails, par la perfection relative de l'exécution, le plus de rapports avee le prototype athénien; sur laquelle aussi la légende du revers semble présenter les caractères les plus purs, et le *noun* isolé figure bien en place, se trouve en même temps offrir du côté du droit la tête royale du type le plus ancien, tête évidemment arabe, et dont la chevelure, tombant sur le cou en longues tresses minces et

(1) Voyez pl. I, n°s 18 et 19.

droites, est disposée exactement comme celle que nous voyons sur de trè anciennes monnaies orientales (1).

C'est ici que j'ouvre sans plus tarder un paragraphe pour l'étude spécial de cette tête royale du droit, qui figure sous des formes diverses sur *toutes* le monnaies du trésor de San'â, formes diverses dont l'examen, ainsi que je l'a dit à la page 10, va nous permettre de prime abord de diviser l'ensembl des pièces que nous avons à classer en deux grands groupes correspondan à deux espaces de temps successifs, avec une subdivision importante du pre mier groupe.

Et d'abord, répétons une fois de plus qu'il s'agit bien ici d'une tête royal d'une tête de tobba homérite, et que c'est à tort qu'on a voulu en faire cel d'une divinité. Cette tête présente, dans toutes ses variétés même les plu barbares, un caractère iconographique des plus accusés, et M. de Longpérier dont la compétence en pareille matière n'est guère discutable, est même d'av que beaucoup des variations de traits fort nombreuses que celle-ci comport et dont quelques-unes sont très caractérisées, correspondent à autant de portrai de princes différents. Sur toutes les autres monnaies des anciens Arabes par venues jusqu'à nous, sur toutes les monnaies des rois de la Nabatène et de Characène, contemporaines de celles des Homérites, figure la tête du souverain et jamais celle d'une divinité. Pourquoi les tobbas Himyarites feraient-ils ex ception ? Et puis, les deux seuls types monétaires himyaritiques connus portan des noms de princes, celui de Aran Iacaf^{m} ou Ya'akif^{m}, et celui classé au Britis Museum sous le nom de 'Amdan Bayyin (2), ne portent-elles point les effigie de ces souverains ? Qu'on jette un coup d'œil sur ces profils si divers et *humains* gravés sur mes planches. Dans chacun d'eux, du plus ancien, figur par exemple, au n° 3 de la pl. I, jusqu'au plus récent, celui, si l'on veut, de petites pièces gravées aux n°s 53 et 56 de la pl. III, est-il possible de reconnaîtr autre chose qu'une tête d'homme, nullement divinisée et parfaitement indivi

(1) Le même mode de coiffure longue et tombante se retrouve sur les figures d'hommes du ba relief de Saba publié dans le volume des Comptes-rendus de la première session du Congrès interna tional des Orientalistes, t. II, 1876. Quant à la chevelure longue des sphinx représentés au dessus d'une inscription himyaritique du British Museum (*Catal. of Himyarite inscriptions*, pl. II n° 4), il se peut que l'artiste ait voulu donner à ces animaux fantastiques une tête féminine, ce qu suffit à expliquer les dimensions de la chevelure.

(2) Prideaux : *Transactions of the Society of Biblical archeology*, 1873, t. II, part. I, p. 23.

duelle? Que si l'on veut des preuves plus positives, je demanderai comment il se fait qu'à première vue, l'homme le moins cultivé, entrant dans un musée de sculpture antique, s'écriera : « cette statue est celle d'un dieu, celle-ci est le portrait d'un homme, d'un prince »? Tout au début de leurs relations avec le monde commercial grec, les Homérites se contentèrent d'imiter servilement la monnaie athénienne, copiant jusqu'à la tête de la Minerve du droit. Nous avons un exemple de ce monnayage primitif dans les deux premières pièces, que j'ai déjà si souvent citées, figurées sur la planche annexée au mémoire de M. Head, et dont j'ai donné la description à la page 5, puis aussi dans la plus petite des deux pièces communiquées par M. Sauvaire à M. de Longpérier. Mais aussitôt que les ateliers monétaires sabéens furent mieux outillés, et durent fournir à des demandes de numéraire plus importantes, qu'en un mot leur industrie prit un accroissement réel, le besoin se fit sentir d'un type plus national, plus en rapport avec les tendances éminemment monarchiques des races sémitiques. La chouette athénienne parut rappeler suffisamment le prototype excellent sous le patronage duquel la monnaie allait circuler; et le type du droit, tout en demeurant une tête, ce qui facilitait une transformation en somme purement accessoire pour le gros du public, perdit son caractère hiératique pour devenir le portrait du tobba régnant.

Abordons l'étude des modifications que présente cette tête royale, constamment imberbe. C'est, je le répète, la disposition de la coiffure qui va nous fournir les éléments de notre classification en deux grandes catégories successives de toutes les monnaies du trésor de San'â. Sur les unes, le tobba est coiffé à la vieille mode arabe; sur les autres, il est coiffé à la romaine, et tout naturellement les monnaies sur lesquelles figure l'antique coiffure nationale pourront de prime abord être considérées comme les plus anciennes, d'autant que, comme je l'ai dit plus haut, ce sont en même temps celles qui présentent le type du revers le plus pur et le moins éloigné du prototype grec dans tous ses détails.

Etudions ce premier type de chevelure que, dans la suite, je me bornerai à désigner sous le nom de coiffure nationale. Elle se retrouve sur toutes les variétés que j'ai fait représenter sur les planches I et II, sauf les quatre derniers numéros de cette seconde planche. Mais ici même, je l'ai dit, il y a encore une distinction secondaire à faire; et ce premier et vaste groupe si bien caractérisé par cette disposition de la coiffure comporte, toujours au même point de vue, deux subdivisions fort appréciables.

Pour peu, en effet, qu'on examine les monnaies gravées sur les deux premières planches, on ne tardera pas à s'apercevoir que la coiffure appelée par nous nationale, n'est pas identique sur toutes, et que la description donnée plus haut comme s'appliquant à la disposition de la chevelure sur les plus anciennes émissions du trésor, n'appartient qu'aux cinq premiers numéros de la première planche; tous les numéros suivants présentent une modification notable dans la coiffure, bien que le principe n'ait poin changé.

Que voit-on, en effet, sur ces cinq premières pièces, constituant notre première subdivision ? Je reprends avec plus de détails ma description de tout à l'heure; bien que les profils royaux aient, sur la plupart des exemplaires, presque disparu par le frottement et l'usure des siècles, le mode de coiffure est heureusement très visible. Les vieux tobbas arabes y portent la chevelure longue, tombant sur les épaules en une seule masse raide, composée d'une infinité de petites cordelettes, minces et droites, terminées par un nœud ou petite boucle finale que la gravure a représenté par un léger renflement. La même disposition se retrouve en raccourci sur le devant de la tête; car, au dessous du diadème, on aperçoit nettement une autre série de cordelette fort courtes, régulièrement appliquées à intervalles égaux sur les tempes et le front et terminées elles aussi par le même renflement.

Je me suis efforcé, sans y réussir à mon gré, de faire exactement reproduire par le graveur cette disposition si caractéristique, si bien rendue sur les médailles. On sent en les examinant, qu'on a sous les yeux la représentation d'une lourde et abondant chevelure, subdivisée en mèches nombreuses, serrées et rigides, probablement ointe de quelque corps gras, en un mot, exactement la coiffure que portent de nos jour encore certaines tribus de Bédouins du désert chez les Arabes d'Orient (1). C'est l la plus ancienne coiffure représentée sur ces monnaies. Joignez-y le diadème feuillages d'or sur lequel je reviendrai bientôt, et vous aurez bien là la coiffur d'apparat de ces antiques souverains du pays de Kousch.

Sur nos monnaies, chaque cordelette est représentée par un trait fin, parallèle ceux qui l'environnent, et terminé par le renflement obligé. Malheureusement, sur plusieurs exemplaires, le frottement a fait son œuvre, et beaucoup de traits sont écrasés, élargis ou disparus.

Une observation bien importante est celle qu'on peut tirer de la comparaison d

(1) On sait que les Arabes d'Occident ont tous la tête rasée.

cette plus antique coiffure arabe cordelée de nos premiers n^{os} avec celle des rois de Saïs, de la race des Hycsos ou Pasteurs venus d'Arabie, et dont Mariette Pacha a retrouvé les statues, aujourd'hui exposées au Musée de Boulaq (salle des Hycsos), qu'il a fait connaître pour la première fois dans la *Revue archéologique* de 1862 (1). Les énormes perruques composées de cordelettes nombreuses qui forment à ces dominateurs d'origine étrangère une coiffure si bizarre et si caractéristique, semblent présenter une disposition de coiffure absolument identique à celle que nous venons d'étudier. Et qui ne voit l'importance de ce rapprochement, étant donné l'origine probable de ces fameux envahisseurs de l'Egypte, et cela malgré l'espace de temps si considérable écoulé entre ce fait capital de l'histoire égyptienne et l'apparition de nos plus anciennes monnaies arabes; espace de temps qui perd lui-même de sa valeur en face de l'immobilité si extraordinairement prolongée des coutumes orientales antiques.

L'expression de chevelure cordelée, disposée en cordelettes, me semble la plus exacte. Ce n'est là ni une coiffure nattée, la natte s'entendant toujours de trois faisceaux entrelacés, ni même une coiffure simplement tressée. Il faudrait comparer cette chevelure avec certaines perruques antiques; avec celle, par exemple, gravée à la page 356 du t. III des *Manners and customs of the Ancient Egyptians* de Wilkinson (1re éd. 1837). Là, il y a des nattes très fines. Les cheveux arabes semblent plutôt simplement tordus.

« La tête qui paraît la plus ancienne, m'écrit M. de Longpérier, celle qui se trouve sur les cinq premiers numéros de votre pl. I, pourrait encore avoir été inspirée par celles que portent certaines monnaies d'Antiochus IV, *théos*, *épiphane*, que l'on croit, en raison de l'aigle qu'elles portent au revers, avoir été fabriquées en Egypte. Pour comprendre ma supposition, il ne suffit pas de voir le droit de cette monnaie tel qu'il est gravé dans le livre de Gough (2); F. Bartolozzi, l'artiste qui a copié la monnaie de la collection de Matthew Duane, décrite par Gough, a voulu embellir la tête qu'offre cette pièce, et il en a altéré le caractère. Mais on en retrouvera une parfaite reproduction autotype dans le Catalogue du Musée britannique (3), et l'on reconnaîtra comment une tête d'Isis assez rudement exécutée a pu être prise pour un portrait royal, la forme de la coiffure se prêtant à cette illusion. L'époque d'Antiochus IV (176-164 av. J.-C.) serait sans doute un peu trop ancienne pour vos monnaies homérites, mais le numéraire royal de ce temps circulait pendant bien des années après sa fabrication. »

(1) *Deuxième lettre à M. le vicomte de Rougé sur les fouilles de Tanis*. Rev. archéol. 1862, t. I, p. 297, pl. VI et VII.

(2) *Coins of the Seleucidæ Kings*, pl. VII, n$_o$ 13.

(3) *The Seleucid Kings of Syria*, par Percy Gardner, 1878, 8°, pl. XII, n° 12.

Très peu après, cette coiffure, que j'appellerai primitive, tout en conservant sc type exclusivement arabe et national, éprouve une modification importante que pr senteront dès lors toutes les émissions successives jusqu'à l'apparition de la chevelu romaine ; c'est là notre seconde sous-division, représentée sur nos planches par l quatorze derniers numéros de la pl. I (1) et les 16 premiers de la pl. II. De cordelé la coiffure royale devient bouclée ; les cordelettes minces et longues font place à d hélices, longues encore, mais cependant laissant les épaules tout à fait à découvert ces hélices sont, elles aussi, caractéristiques de la coiffure des races arabes; connue par les anciens sous le nom de *cincinni penduli*, elles constituent cet ensemble qu nous avons la coutume de désigner sous le nom de coiffure calamistrée. C'est cett chevelure étrange, très probablement disposée à l'aide d'un fer chaud, qui a déjà ét remarquée et étudiée tant sur les monnaies des rois arabes de la Characène que su celles de leurs contemporains mieux connus du royaume des Nabats (2), et que M. d Longpérier avait également signalée sur la première monnaie des Homérites, publié par lui, celle de Aran Iacaf^m^ ou Ya'akif^m^ (?). « Les deux têtes que porte la monnai

(1) Le n° 6 de la planche I semble un type de transition.

(2) Voyez entre autres : M. de Vogüé : *Monnaies des rois des Nabatéens*, Rev. Numism., 1868, page 153-168, pl. V ; Waddington : *Numism. et chronologie des rois de la Characène*, Ibid., 1866 pages 303-333, pl. XI et XII ; F. de Saulcy : *Lettre sur la numism. des rois Nabatéens de Pétra* Annuaire de la Soc. fr. de numism. et d'archéol. T. IV. 1872, pages 1-35, pl. I et II ; A. de Longpérier : *Monnaies de la Characène; le roi Obadas*, Rev. Numism., p. 136, pl. V. 1874.

Certaines têtes de ces princes arabes de la Nabatène et de la Characène offrent ce type de coiffure calamistrée particulièrement accusé, et absolument semblable à celui qui figure sur nos monnaie himyaritiques; voyez, par exemple, la pièce gravée par M. de Vogüé au n° 3 de la pl. V (R. N., 1868, attribuée par lui à Arétas Philhellène, puis les pièces des rois de Characène, Tiræus, Attambilus Ier Attambilus II, Attambilus III, Attambilus V, gravées aux nos 4, 7 de la pl. XI, 12, 14, 17 de la pl. XI du mémoire de M. Waddington, et celles du roi Obadas, gravées aux numéros 2, 3, 4 de la pl. V d celui de M. de Longpérier. Sur quelques-unes de ces dernières monnaies, l'analogie de la disposition de la coiffure avec celui des monnaies himyaritiques est véritablement frappante. Le calamistrage, disposé en boucles lourdes et épaisses, non-seulement tombe sur la nuque, mais forme au-devant du diadème comme une sorte de couronne de boucles plus courtes, recouvrant entièrement le front, exactemen comme dans les monnaies que j'ai fait graver, par exemple, aux nos 31, 33, 34 de la pl. II, et qui constituent, nous le verrons, notre type 9 des pièces du groupe à coiffure nationale.

Mais ce n'est pas seulement sur ce monnayage frère des rois des Nabats et de Charax que figure l tête royale à chevelure calamistrée, et, puisque pour tout ce monnayage des Arabes d'Orient, il fau toujours en revenir à celui des Séleucides, on ne sera pas étonné de retrouver cette coiffure identiquement pareille sur la tête, par exemple, de la reine de Syrie, Cléopâtre. Voyez la vaste perruque abondamment calamistrée dont elle est coiffée sur les beaux tétradrachmes où elle figure à côté de so fils Antiochus VIII, et qui furent frappés entre l'an 125 et l'an 123, avant J.-C. (Mionnet : *Descriptio des méd. antiques*, t. VIII du supplém., pl. XIII, n° 3 ; et Gough : *Coins of the Sel. Kings of Syria* pl. XIX, nos 16-18.

de Raïdan, disait-il, ont les cheveux disposés en longues hélices, ce que les Arabes appellent *nowâs* (cincinnus pendulus) ». Nous sommes donc bien en droit, puisque cette coiffure dite calamistrée figure sur les monnaies de trois différentes races arabes, les seules dont on possède des monuments monnayés, de la considérer comme bien complètement et parfaitement nationale, à l'égal de la coiffure cordelée plus ancienne. Les deux ne sont qu'une variété de la coiffure longue commune à toutes les races antiques habitant entre le golfe Persique et la mer Rouge. Sur les monnaies du trésor de San'â, le calamistrage est très distinct de la chevelure cordelée; de même que les cordelettes étaient figurées par des traits parallèles, de même les hélices le sont par des séries superposées, également parallèles entre elles, de gros points ou plutôt de ronds et d'ovales dont l'alignement constitue chaque boucle.

Chaque *cincinnus* est disposé suivant une direction presque exactement verticale, ce qui devait donner à l'ensemble de la coiffure une raideur non sans caractère. Les *cincinni* postérieurs descendaient jusqu'au bas de la nuque, sans recouvrir les épaules; sur les côtés, ils se raccourcissaient progressivement et finissaient sur les tempes et le front par former au-devant du diadème comme une épaisse couronne composée de boucles courtes et abondantes. Celles-ci sont fort visibles sur quelques exemplaires bien conservés (1).

La monnaie d'or figurée par M. Head présente une tête royale à chevelure également calamistrée.

Le diadème de feuillages qui ceignait la chevelure ainsi disposée devait sans doute être fait de feuilles d'or estampées, montées sur un bandeau de laine ou de quelque autre tissu. Contrairement à ce que nous verrons sur les monnaies du second groupe, ce bandeau ne semble pas retenu derrière la tête par un nœud de bandelettes. Il n'y a qu'une ou deux exceptions (2). Nous savons qu'Himyar fut le premier entre les rois Cahtânides qui porta une *couronne d'or* (3).

Jusqu'ici, en somme, nous n'avons vu que deux variétés d'une seule et même coiffure, coiffure essentiellement nationale qui figure sur les trois quarts environ des monnaies de la trouvaille, ou exactement sur 140 pièces. Il est temps

(1) Voyez, par exemple, les nos 10 de la pl. I, et 31 et 34 de la pl. II.

(2) Voyez pl. II, nos 30 et 35.

(3) Caussin de Perceval : *Essai sur l'histoire des Arabes avant l'Islamisme*. 1847, t. I, p. 54.

d'en arriver au second mode de disposition de la chevelure, mode entièrement distinct qui figure sur les 60 pièces restantes. A une époque que nous essaierons tout à l'heure d'indiquer, nous voyons la tête abondamment calamistrée des tobbas Himyarites faire place à une tête si voisine par la disposition de la chevelure taillée très court, de celle qu'avaient adoptée les Romains vers le premier siècle avant Jésus-Christ, qu'on a cru reconnaître sur ces monnaies le portrait même d'Auguste. Nous ne serons pas aussi affirmatif, et l'exemple des princes Nabatéens qui, sous l'influence évidente de leurs relations devenues tout à coup fort suivies avec les Romains, modifièrent également la disposition de leur chevelure (1), doit nous tenir en garde contre une conclusion trop arrêtée. Il n'y a rien d'impossible à ce que les tobbas de l'Arabie méridionale, sous l'empire des mêmes causes, aient agi comme l'avaient fait leurs collègues de Pétra et de Bostra (2). Nous dirons plus loin à quelle époque probablement, et sous l'influence de quels événements, dut se faire cette modification profonde dans le costume royal national des Homérites, qui fait figurer une tête d'apparence romaine sur des pièces présentant au revers la chouette athénienne, bizarre assemblage des deux principaux types monétaires de l'antiquité. Le diadème de feuillages d'or est maintenant retenu, sur la nuque, par des bandelettes largement nouées. Malgré l'aspect essentiellement romain que donne à la tête royale ainsi transformée la forme courte de la chevelure, aspect auquel contribue encore ce nœud de bandelettes attachant la couronne, le type sémitique des traits persiste sur un grand nombre de ces médailles du second groupe, et l'ensemble forme quelquefois encore un type assez oriental (3). Quant au caractère iconographique de ces têtes, il demeure également constamment très accusé.

Nous voici donc, par l'examen de la tête du droit, en possession d'un élément de diagnostic fort sérieux, qui nous permet de diviser en deux grandes catégories, classées chronologiquement l'une à la suite de l'autre, (une plus ancienne, à tête à la sémitique; une plus récente, à tête à la latine), l'ensemble des émissions monétaires représentées dans le trésor de San'â. Chacune de ces catégories comporte plusieurs divisions secondaires qu'il est encore possible de classer jusqu'à un certain

(1) Voyez diverses monnaies de ces princes, gravées dans les mémoires de MM. de Vogüé et Saulcy.

(2) Quelques rois d'Egypte, bien plus anciens qu'Auguste, figurent également sur leurs monnaies avec des cheveux coupés court, mais ce n'est pas tant ce seul détail, que l'ensemble de l'arrangement de la coiffure qui donne à ces tobbas Homérites un aspect si essentiellement romain.

(3) Voyez, par exemple, les n 59 et 60 de la pl. III.

point chronologiquement pour peu qu'on tienne compte de tous les détails, particulièrement de ceux qui figurent au revers. Il n'y a pas là, en général, de délimitation fixe entre une division et la suivante, mais bien au contraire *dégradation* insensible, ce qui est bien dans les saines données de la science numismatique; tous ceux qui ont étudié les monnaies, surtout les monnaies antiques, en conviendront facilement. La dégradation des types monétaires, pas plus que la nature, ne procède par sauts. Nous aurons dans cette étude des diverses variétés à opérer avec un soin minutieux. Les principaux éléments du classement chronologique nous seront ici fournis, je le répète, par l'étude du revers; nous aurons successivement à nous occuper longuement et à tenir compte :

1° De la défiguration du type principal, c'est-à-dire de la chouette, dont la forme s'altérera peu à peu dans quelques-uns de ses détails les plus importants.

2° De la défiguration du diota et des trois lettres Α Θ Ε.

3° De la défiguration de la légende.

4° Du déplacement successif de la lettre initiale de l'atelier monétaire.

5° Du déplacement successif du monogramme *Yanâf* ou *Yanouf*, ◊ዞየ.

6° De la disposition de la légende, et de l'apparition des monogrammes accouplés.

7° Enfin de quelques détails accessoires.

Abordons cet essai de classification chronologique, et commençons par le groupe le plus ancien avec la tête royale coiffée à la mode arabe.

PREMIER GROUPE OU GROUPE ANCIEN.

TÊTE ROYALE A COIFFURE NATIONALE.

Cent-quarante pièces. — Planches I et II, numéros 1 à 36.

Nous avons vu que dans ce premier groupe on pouvait établir deux sous-divisions, suivant que la chevelure de la tête royale était disposée en cordelettes nouées à leur extrémité, ou bien en hélices.

PREMIÈRE SOUS-DIVISION DU PREMIER GROUPE.

La chevelure de la tête royale est disposée en cordelettes tressées, suivant la mode arabe la plus antique.

Dans cette première sous-division du premier groupe, on peut établir deux types successifs, ne différant, du reste, que fort légèrement; ils constituent nos types 1 et 2.

Type I. — *Trois drachmes (1), dont deux gravées, pl. I, nos 1 et 2.*

Ce sont là ces pièces les plus anciennes, que j'ai si fréquemment citées, et qui présentent, à la fois, la disposition de la coiffure la plus antique et le type de la chouette le plus pur et le plus rapproché du prototype athénien. En même temps, et cette remarque a son importance, ce sont, avec celles du type suivant, les pièces qui paraissent le plus usées par un long frottement.

Je reprends encore une fois la description détaillée de ce type capital :

La tête royale, diadémée, à physionomie fort allongée, est tournée à droite. Elle porte les cheveux longs, tombant sur la nuque, disposés en cordelettes tressées, terminées par un petit nœud ou renflement. Sur le front d'autres petites cordelettes fort courtes, également terminées par un nœud, sont régulièrement disposées au devant du diadème. Elles sont surtout assez nettement visibles sur l'exemplaire gravé au n° 2.

Cette tête est entourée sur un premier exemplaire, en trop mauvais état de conservation pour être gravé, d'une couronne très-fine qui semble un simple grenetis. Sur les deux autres exemplaires gravés, le grenetis est devenu une couronne de feuillages très menus.

Au revers, outre le type constant de la chouette sur le diota, outre le *noun* isolé et le signe initial également constants, figurent les divers éléments que nous avons étudiés plus haut, comme caractérisant les émissions les plus anciennes, à savoir : la légende supérieure constituée par les six caractères inexpliqués et le monogramme *Yanâf*, les trois lettres grecques Α Θ Ε, et les deux caractères *hé* et *daleth pointé*, placés entre la chouette et le signe initial.

Pour ce qui est des particularités propres à chacun de ces éléments sur cette série la plus ancienne, malheureusement trop faiblement représentée dans notre trouvaille, je répèterai une dernière fois que les caractères de la légende sont très fins et d'une grande pureté d'exécution, que le monogramme est délicatement dessiné, que

(1) Nous verrons plus tard que le trésor de San'â comprend principalement des monnaies de 25 à 26 millimètres de diamètre et du poids moyen de 5 grammes 50, qu'il faut assimiler à des drachmes. Le reste de la trouvaille est composé d'un certain nombre de demi-drachmes et de deux quarts de drachmes.

le *noun*, initiale de Nagran, est placé bien en vedette à l'exergue du revers, soit sous la queue de la chouette, soit derrière cette queue, mais toujours très éloigné et parfaitement isolé du reste de la légende. Les six caractères sont, il est vrai, assez rapprochés du monogramme (ce qui n'a rien d'extraordinaire, puisque tous ensemble constituent une légende unique), mais pas au point cependant qu'on puisse nier que ce dernier soit un terme indépendant. Du reste, je le répète, sa qualité même de monogramme empêche qu'on ne le prenne pour partie constituante d'un autre mot; il doit nécessairement former un terme à part. — La chouette est d'un dessin très fidèle, très soigné dans ses moindres détails, et la forme des pennes des ailes et de la queue qui, plus tard, s'altérera, est bien exactement rendue. Les caractères Α Θ Ε sont très facilement reconnaissables, peu déformés. La couronne qui entoure le champ du revers est composée d'éléments qui rappellent de très près les bandelettes de l'omphalos formant le cordon apollinien sur les pièces des Séleucides; mais on y reconnaît déjà des tendances à la transformation en chapelet de petits vases, dont les anses ont été supprimées, afin d'obtenir une imitation du cercle séleucide.

Type II. — *Sept drachmes, dont trois gravées, pl. I, nos 3, 4, 5.*

Type très voisin du précédent. La tête est toujours allongée. Le profil est parfois d'une véritable noblesse (1), Même disposition de la coiffure. La couronne de feuillages s'accentue considérablement. C'est la caractéristique principale de ce second groupe par rapport au premier.

Au revers, les divers caractères ainsi que les monogrammes sont toujours très finement indiqués, et leur forme ne s'altère point encore. Le monogramme demeure nettement isolé des caractères qui le précèdent, et le *noun* conserve sa position sous la queue de la chouette.

Une variété représentée par un unique exemplaire, malheureusement fort altéré par l'oxydation (pl. I, n° 4), porte dans la légende du revers les caractères 3 et 4 (en lisant de droite à gauche) intervertis, le second devenant le premier. C'est une exception unique dans toute la trouvaille.

(1) Voyez les nos 3 et 5, pl. I.

SECONDE SOUS-DIVISION DU PREMIER GROUPE.

La chevelure de la tête royale est disposée en longues hélices; autrement dit, elle est calamistrée.

Dans cette seconde sous-division du premier groupe, on peut encore établir dix types successifs qui constitueront nos types 3 à 12.

TYPE III. — *Vingt-quatre drachmes, dont huit gravées, pl. I, nos 6 à 13.*

Les cheveux de la tête royale présentent la disposition nettement calamistrée qu j'ai longuement décrite. L'exemplaire gravé au n° 6 semble un type de transition entr ce mode de coiffure et la disposition plus ancienne. Le profil de la tête est d'un dessi plus lourd, déjà plus grossier, d'un caractère bien moins iconographique.

Le diadème est toujours de même; aucune bandelette ne le retient par derrière l tête.

La couronne de feuillages est extrêmement développée et grossièrement traitée.

Au revers, le dessin de la chouette devient moins pur. Sur beaucoup d'exem plaires, les pennes extrêmes des ailes et de la queue, ou des ailes seules, se recourber en forme de queue tombante comme celle d'un jeune coq. Le monogramme est asse séparé des caractères qui le précèdent. Le *noun* est généralement encore placé sou la queue de la chouette, mais avec tendance à remonter par derrière cette queue, au dessus, ce qui a lieu sur certains exemplaires; alors, en même temps, le monc gramme se rapproche des caractères qui le précèdent. Mais le *noun* demeure toujour parfaitement isolé de la légende dont les caractères commencent à s'altérer ainsi qu les trois lettres Α Θ Ε.

Sur une variété, représentée par un exemplaire unique, gravé au n° 6, dont revers est fort abîmé par le ressaut du coin, un des deux caractères placés à la droi de la chouette, le *daleth pointé*, semble avoir disparu, probablement à cause même c cet accident de frappe; de plus, toujours pour les mêmes raisons, la position du sigr initial par rapport au *hé* est intervertie. Il en est de même sur les exemplaires grav aux numéros 8, 10 et 13; mais ici cette modification ne semble plus le fait d'u frappe défectueuse. Le même exemplaire n° 8, présente le signe initial ajouré cloisonné, tel que je l'ai décrit à la page 19, et tel qu'on le retrouve sur des inscri tions. Sur l'exemplaire gravé au n° 13, il est simplement ajouré.

Sur trois exemplaires, dont fait partie le même n° 13 de la pl. I, le *noun* est retourné. On sait du reste que les Himyarites, écrivant en *boustrophédon*, avaient acquis l'habitude de lire l'écriture dans les deux sens.

La couronne du revers perd de plus en plus de sa ressemblance avec son prototype syrien, et devient graduellement un véritable chapelet de petits vases sans anses.

TYPE IV. — *Vingt-sept drachmes, dont trois gravées, pl. I, nos* 14, 15, 16.

Même tête royale diadémée, mais de dessin tout à fait grossier. Calamistrage indiqué par de gros points. Couronne extrêmement développée.

Au revers, et c'est ici le caractère distinctif du groupe, le monogramme *Yanâf* et le *noun*, qui a maintenant tout à fait passé par dessus la queue de l'oiseau, et qui est parfois très déformé (1), sont complètement rapprochés des caractères précédents, et semblent constituer un terme unique. La comparaison avec les types plus anciens rend cette dégradation tout à fait frappante. En même temps, les caractères de la légende, et aussi l'A d'A Θ E, s'altèrent considérablement. Les deux caractères qui précèdent les monogrammes, entre autres, perdent beaucoup leur forme ancienne de *rho* cursifs. La chouette, dont l'extrémité postérieure (pennes des ailes et de la queue) est de plus en plus déformée, est d'un dessin raide, très grossier et très inférieur, surtout quand on la compare aux jolies petites chouettes des émissions les plus anciennes.

TYPE V. — *Quatre drachmes, dont une gravée, pl. I, n°* 17.

Tête royale calamistrée de dessin fort allongé, de physionomie caractéristique, avec menton fort développé et saillant. Les traits sont amaigris, effilés. La couronne est extrêmement fournie, et occupe presque tout le champ. Le diadème est formé de feuillages fins et menus.

Au revers, la chouette a toujours sa partie inférieure très déformée, courbée en queue de coq. Le *noun* et le monogramme continuent à faire corps avec les six caractères précédents.

(1) Voyez pl. I, no 15.

A partir du type suivant, les six caractères supérieurs, le monogramme *Yanâf*, les trois lettres Α Θ Ε, les deux caractères *hé* et *daleth pointé*, disparaissent et sont remplacés jusqu'aux dernières émissions de la trouvaille par une paire de monogrammes disposés un de chaque côté de la chouette. Seuls, le *noun* isolé et le signe initial persistent.

TYPE VI. — *Trois drachmes, dont deux gravées, pl. I, nos* 18 *et* 19.

Type très caractérisé, de fabrique fort belle. La tête *tournée à gauche* est abondamment calamistrée. La couronne et le diadème sont formés de feuillages très allongés comme ceux de l'olivier.

Au revers, les pennes inférieures de la chouette forment une queue menue, nettement bifide. Le dessin de l'oiseau est fort exact. Le chapelet de petits vases est très-distinct.

Les deux monogrammes sont clairement indiqués et facilement décomposables; j'ai dit déjà que nous devions nous contenter, pour ceux-ci comme pour tous les suivants, d'en indiquer le développement, sans malheureusement pouvoir tenter d'y retrouver les noms des magistrats municipaux ou monétaires qu'ils représentent très certainement, à l'exemple de ce qui se passe pour les monogrammes correspondants qui leur ont servi de modèle, et qui figurent au revers des pièces athéniennes.

Pour ce type 6, le monogramme de gauche, qui ne paraît que dans cette unique série, est formé d'un *kaph*, ሰ, dont la partie inférieure forme un *beth*, ⊓, et contient un *noun*, Ꮒ, tantôt droit, tantôt retourné. Celui de droite, qui ne reparaît également plus sur les types suivants, comprend un *heth*, Ψ, un *beth*, ⊓, ou un *samech*, ሰ, ou peut-être tous les deux, et un *mem*, Ⲝ.

Sous le monogramme de gauche figure exceptionnellement un petit vase couché.

Sur les rares exemplaires de cette sixième série, qui semble comme une tentative de retour à un type plus pur, le *noun*, initiale de Nagran, a repris sa place primitive, à l'exergue du revers, sous le vase qui sert de piédestal à la chouette (1).

Le signe initial est maintenant isolé dans le champ, à la droite de la chouette.

(1) Sur l'exemplaire gravé au no 19, le *noun* a disparu par suite d'une perte de métal de la pièce.

Sur l'exemplaire gravé au n° 18, les anses du diota sont bien nettement indiquées.

TYPE VII. — *Cinquante-huit drachmes, dont six gravées, pl. I, n° 20, et pl. II, n*os *21, 22, 24, 25 et 26, et une demi-drachme gravée, pl. II, n° 23.*

La tête, toujours très abondamment calamistrée, est de nouveau tournée à droite, avec le col en général assez court. La couronne de feuillages est toujours très large, très grossièrement indiquée, et couvre la majeure partie du champ.

Au revers, les pennes de la portion inférieure des ailes et celles de la queue, sont tout à fait tombantes et ressemblent infiniment plus à une queue de jeune coq qu'à l'extrémité inférieure d'une chouette.

Le monogramme de gauche comporte au moins un *heth*, Ψ, un *beth*, Π, et un *resch*,). Nous verrons que le même monogramme reparaît, toujours à gauche, sur les exemplaires de la série à tête augustéenne du type le plus récent.

Le monogramme de droite comprend au moins un *iod*, ♀, un *noun*, Ч, un *beth*, Π, ou un *samech*, ክ, ou peut-être tous les deux, et un *daleth*, ዞ. Le *noun* est parfois retourné. Le *daleth* est parfois nettement et plus ou moins largement ajouré comme sur quelques inscriptions (1).

Le *noun* de Nagran, perdant sa place à l'exergue du revers, et recommençant sa marche ascensionnelle, est remonté sous le monogramme de gauche, mais il en demeure toujours distinct.

Les petits vases de la couronne sont clairement indiqués.

Le signe initial, placé sous le monogramme de droite, est parfois recourbé de gauche à droite (2).

Sur une variété non gravée, le signe initial est ajouré.

Sur six exemplaires, le *noun* est tout à fait rapproché du premier monogramme, sans toutefois y adhérer absolument (3).

L'unique demi-drachme à ce type, gravée au n° 23 de la pl. II, ne présente aucune particularité digne d'être notée. Son poids est de 2 gr. 65.

(1) A la place du *beth*, du *samech*, et du *noun*, il peut encore, si l'on veut, y avoir un *aleph*, ሽ.

(2) V. pl. I, n° 20.

(3) Voyez le n° 26 de la pl. II.

Type VIII. — *Deux demi-drachmes gravées, pl. II, nos 27 et 28.*

Fabrique très négligée. Types très indistincts par suite des nombreux ressauts du coin.

Tête *tournée à gauche,* de dessin barbare, aplatie, à col court.

Au revers, mêmes monogrammes que sur le type précédent. Le *noun* de Nagran a disparu par suite des irrégularités de la frappe. Le signe initial est courbé de gauche à droite.

Type IX. — *Huit drachmes, dont cinq gravées, pl. II, nos 29, 30, 32, 33 et 34, et une demi-drachme gravée au n° 31.*

Col court. Tête massive à calamistrage très soigneusement disposé, formant couronne sur le front (1), au-devant du diadème qui est parfois noué par des bandelettes minces (2). Sur le sommet du diadème, un croissant et un point indiquent le profil du médaillon qui, sur cette tête royale, formait l'élément obligé de la coiffure. Les artistes himyarites perdirent vite de vue l'origine vraie de ce détail de l'ornement, et le transformèrent presque aussitôt en un croissant de lune soutenant un astre, type en rapport avec le culte des astres si répandu parmi les Arabes de l'ère antique.

Au revers, le monogramme de gauche est formé d'un *daleth pointé,* Ħ, et d'un *coph,* ♁, surmontant d'ordinaire le *noun* de Nagran, qui parfois se trouve reporté vers la gauche. Celui de droite est le même que sur les deux types précédents, avec *noun* parfois retourné. Quelquefois aussi le *lamed* est retourné (3).

Sur quatre exemplaires, le *noun* de Nagran est retourné (4).

L'unique demi-drachme à ce type est gravée au n° 31.

Type X. — *Demi-drachme unique, gravée, pl. II, n° 35.*

Tête calamistrée à droite, avec bandelettes nouées et médaillon fixé au sommet.

(1) Voyez surtout pl. II, nos 31 et 34.
(2) Pl. II, n° 30.
(3) Pl. II, n° 31.
(4) Voyez pl. II, nos 32, 33, 34.

Au revers, même monogramme de gauche que sur le type précédent ; à droite, monogramme également semblable à celui du type précédent, mais en partie retourné comme sur l'exemplaire gravé au n° 31. Le signe initial est placé dans le sens opposé à sa direction ordinaire.

La caractéristique de ce type est le remplacement du *noun* de Nagran par un *ghimel* himyaritique, ℸ, qui est également placé sous le monogramme de gauche. C'est vraisemblablement la marque de la ville de Gab, ⊓ ℸ, dont M. de Longpérier me signale le nom, associé à celui de Nagran, dans un des fragments d'une inscription sabéenne fort mutilée conservée à la Bibliothèque Nationale.

TYPE XI. — *Drachme unique, gravée, pl. II, n° 36.*

Tête royale à profil très allongé.

Au revers, la chouette est tournée *à gauche.* Par suite, le monogramme qui était à gauche sur les types précédents est passé à droite, avec le *noun,* et vice-versa. En même temps, le monogramme passé à droite est tourné en sens contraire, ce qui se distingue fort bien, malgré les accidents de la frappe, et le *noun* lui-même est retourné. La chouette et le petit diota sont d'une exécution très soignée.

SECOND GROUPE OU GROUPE PLUS RÉCENT.

TÊTE A LA ROMAINE OU AUGUSTÉENNE, A CHEVELURE TAILLÉE COURT.

Soixante pièces. — Planches II et III, numéros 37 à 60.

Je passe à la seconde grande division du trésor de San'â, lorsque, sous l'influence romaine, puissante bien que lointaine, influence que nous étudierons incessamment, la tête calamistrée des antiques tobbas fait place au buste copié sur celui d'Auguste et des Romains du dernier demi-siècle de l'ère antique, avec la chevelure taillée court, en brosse, et le diadème retenu par des bandelettes nouées par derrière. Au revers, les monogrammes accouplés persistent ainsi que le signe initial, mais le *noun* de Nagran, reprenant une troisième fois une marche nouvelle, passe au droit pour figurer d'abord sous le cou, puis derrière la tête royale. La chouette est fidèlement exécutée, et sa portion inférieure est beaucoup plus exactement traitée.

Cette seconde grande division comporte un certain nombre de variétés qu'il e encore possible de classer chronologiquement en étudiant les dégradations insensibl des divers éléments du droit et du revers. Ces variétés constituent nos types 12 à 1

Toutes ces pièces *à la latine* sont d'une belle fabrique. Le relief de la tête e plus considérable.

Les demi-drachmes sont relativement bien plus nombreuses que dans groupe précédent.

Les deux seuls quarts de drachmes que contenait le trésor appartienne à ce second groupe.

TYPE XII. — *Cinq drachmes, dont deux gravées, pl. II, nos 37 et 38.*

Tête augustéenne, ceinte d'un diadème à longues bandelettes.

La couronne de feuillages est fort développée; à la partie supérieure et u peu antérieure, elle porte un croissant surmonté d'un besant, réminiscence év dente de ceux qui, sur les pièces des types précédents, figuraient le médaillo surmontant le diadème. Les ouvriers monétaires, perdant absolument de vu l'origine vraie de cet ornement, l'ont peut-être, je le répète, rattaché à quelqu conception astronomique lunaire. Ce croissant de la couronne extérieure est fo visible sur le n° 37 de la pl. II. Il est curieux de constater que le mêm emblème figure aussi sur la monnaie d'or unique publiée par M. Head et qu j'ai si souvent citée (v. la vignette de la page 6). Seulement ici le croissant figu juste au-dessus de la chouette, à la partie supérieure du cordon de grenetis du rever

Le *noun* de Nagran figure au droit, tourné à droite, *sous le cou* de la tê royale. C'est la marque distinctive essentielle de ce douzième type. Le caractè n'est que très faiblement indiqué sur l'exemplaire gravé au n° 37.

Au revers, la chouette est finement exécutée. Le monogramme de gauch peut être décomposé de diverses façons; on peut, par exemple, le considér comme renfermant au moins un *beth,* ⊓, ou un *aleph,* ♄, un *phé,* ◊, incl dans le *beth,* mais non adhérent, un *schin,* 3, couché (1), un lamed, ㄱ, un *nou*

(1) Le *schin* est très exactement reproduit sur certains exemplaires. Voyez, par exemple, n° 38 de ce type XII, et les nos 42, 43, 50, 54, 57 des types suivants qui portent ce même monogramm D'autres fois ce même caractère est d'une exécution beaucoup plus négligée, qui le rend presq méconnaissable. C'est aussi une des lettres dont la forme varie le plus dans les textes épigraphique

ḥ, tantôt droit, tantôt retourné (1), et un *iod*, ʕ. — Le monogramme de droite comporte au moins un *heth*, Ψ, un *noun*, ḥ, tantôt droit, tantôt retourné, un *beth*, Π, et un petit *lamed*, 1.

Le signe initial est incliné en sens contraire de sa direction ordinaire sur l'exemplaire gravé au n° 37.

Une variété avec le signe initial ajouré et cloisonné est gravée au n° 38.

Type XIII. — *Trente-six drachmes, dont dix gravées, pl. II, nos 39 et 40, et pl. III, nos 41 à 46 et 48, 49, et six demi-drachmes, dont une gravée, pl. III, nº 47.*

Même tête augustéenne avec diadème à bandelettes, mais détails iconographiques différents. Sur l'exemplaire gravé au n° 42, le profil est fort barbare. Sur les exemplaires gravés aux nos 48 et 49, la tête a un caractère romain extrêmement accentué. Le *noun* initial est remonté derrière la tête royale. Il est retourné sur trois exemplaires, dont deux sont gravés aux nos 41 et 45. Sur quelques autres exemplaires, comme les nos 42 et 49, le *noun* fait défaut, parfois peut-être par suite d'un accident de frappe. Le croissant surmonté d'un astre persiste à la partie supérieure antérieure de la couronne, sauf quelques exceptions. Il est parfois de très grandes dimensions, comme sur le n° 49.

Au revers, mêmes monogrammes qu'au type précédent. Le signe initial est dirigé tantôt dans un sens, tantôt dans un autre. Il est souvent ajouré (2).

Sur deux exemplaires constituant une variété fort importante, gravés aux nos 48 et 49, un caractère assez semblable à un *tau pointé* himyaritique, X, figure sous la queue de la chouette. Sur la dernière de ces deux pièces, j'ai dit déjà (3) que le *noun* avait disparu de derrière la tête royale.

Le petit diota est quelquefois d'un dessin charmant et très étudié. La panse est alors très courte, et les anses très développées (4).

Par exception, le monogramme de gauche, sur l'exemplaire gravé au n° 42, est terminé à sa partie supérieure, non par un *iod*, mais par un caractère res-

(1) Voyez pl. II, n° 38.
(2) Voyez pl. III, nos 45, 46.
(3) Voyez p. 25.
(4) Voyez les numéros 45, 48, 49.

semblant à un *tau* grec. C'est ce même exemplaire sur lequel la tête est d'u dessin si barbare, et la chevelure très bizarrement traitée.

Le monogramme de gauche de l'exemplaire gravé au n° 46 semble doubl par un ressaut du coin.

Le chapelet de petits vases est distinctement reconnaissable.

TYPE XIV. — *Drachme unique, gravée, pl. III, n° 50; treize demi-drachmes, dont se gravées, nos 51, 53, 55, 56, 57, 58, et les deux uniques quarts de drachmes d trésor, gravés, nos 52 et 54.*

Tête royale augustéenne *à gauche*; derrière elle, le *noun* de Nagran. Bande lettes flottantes au diadème.

Au revers, mêmes monogrammes que sur les deux types précédents, c signe initial dirigé de droite à gauche. Drachme unique gravée au n° 50.

Variété de la pièce précédente, sans le *noun* derrière la tête royale. L monogramme n° 1 est renversé de gauche à droite. Cinq demi-drachmes, dor une gravée au n° 51.

Variété sans le *noun*, avec la tête à droite. Quatre demi-drachmes, dont deu gravées, nos 53 et 56, et les deux uniques quarts de drachmes du trésor gravés aux nos 5 et 54. Sur le dernier, n° 54, la tête royale est doublée par suite d'un ressau du coin. Le signe initial est tantôt ajouré et cloisonné (n° 52), tantôt comm barré (n° 53), tantôt dirigé de gauche à droite, tantôt de droite à gauche.

Variété avec la tête à droite, sans le *noun*. Mais au revers, sous le mo nogramme de droite, un *lamed* himyaritique, 1, initiale de quelque autre atelie monétaire (exemplaire unique). Le signe initial est ajouré et cloisonné. Demi drachme unique gravée au n° 56.

Variété avec la tête à gauche; derrière celle-ci, un *ghimel* himyaritique, initiale de la ville de Gab (1). Trois demi-drachmes, dont deux gravées aux nos 57 et 58

Sur toutes les monnaies de ce type 14, le croissant a disparu de la cou ronne du droit; la chouette est d'une exécution très soignée; les pennes de ailes et de la queue sont très exactement indiquées, et le chapelet de peti vases est fort reconnaissable.

(1) Voyez p. 44, une demi-drachme vieux style, gravée, pl. II, n° 35, qui porte cette mêm initiale *ghimel*.

TYPE XV. — *Trois drachmes, dont deux gravées, pl. III, n*os *59 et 60.*

Tête augustéenne à droite; profil de type oriental très accusé. Derrière la tête, le *noun* de Nagran. Diadème à bandelettes flottantes.

Au revers, le monogramme de gauche est semblable à celui de gauche des monnaies du vieux style du type 7. Au-dessous, figure encore le *noun* de Nagran, qui, par une exception unique, se retrouve donc ici à la fois sur les deux faces de la monnaie. Le monogramme de droite est également semblable à celui qui est placé du même côté sur les monnaies du type 7.

Les exemplaires de ce type sont d'un très beau travail. Les monogrammes sont d'un relief et d'un dessin remarquables.

Il est temps d'aborder un des points les plus importants de cette étude, et de chercher à établir l'époque pendant laquelle ont été frappées les monnaies du trésor de San'â, ou plutôt les dates extrêmes de la période durant laquelle elles ont été fabriquées. Ici, la modification dans la disposition de la coiffure nous fournit, on le comprend, une indication ou date de repère d'une valeur considérable; et si j'ai tant insisté sur ce changement dans l'arrangement de la chevelure, c'est qu'il m'a semblé propre à établir une division capitale dans l'ensemble de nos monnaies, et cela surtout au point de vue chronologique. Ce changement, en effet, cet abandon des vieux usages nationaux pour l'arrangement à la romaine, ne peut s'expliquer que par quelque circonstance fort importante qui a dû bouleverser de fond en comble tout l'état de choses établi dans l'antique royaume des souverains Himyarites. Aussi, croyons-nous avec M. Barclay Head qu'on peut l'attribuer, en majeure partie, à l'expédition fameuse d'Ælius Gallus, qui eut lieu sous le règne d'Auguste, environ l'an 24 avant l'ère chrétienne, et que Strabon nous a racontée avec d'assez grands détails. Bien que l'issue finale de cette entreprise militaire ait été funeste aux Romains, elle n'en avait pas moins eu pour premier résultat la prise même de la ville royale de Nagran, événement qui dut causer dans tout l'Yémen une impression profonde, et à la suite duquel il est, en tout cas, certain qu'un grand nombre de deniers à l'effigie d'Auguste étaient demeurés entre les mains des habitants. Or, il arrive constamment que les peuples les plus avancés imposent leurs goûts, leur style, leurs modes même, à leurs vainqueurs, lorsque ceux-ci sont dans un état de civilisation inférieure. Ainsi se comprendrait le sacrifice que les Arabes, les tobbas eux-mêmes, auraient fait de leur beau calamistrage national, imitant en cela l'exemple donné par leurs contemporains de la Nabatène, ainsi que nous pouvons le voir sur les monnaies frappées par ceux-ci.

Sur certaines de ces espèces himyaritiques, l'arrangement de la tête du droit est à tel point romain, que certaines personnes qui n'avaient fait qu'examiner ces monnaies très superficiellement, ont pu avancer que cette tête était, non point celle d'un roi homérite, mais celle même d'Auguste, et que nous avions ainsi sous les yeux la propre *moneta castrensis* frappée par Ælius Gallus, au nom de son souverain, pour les besoins de son expédition. On a dit également que c'était bien là une monnaie des rois Homérites, mais que ceux-ci, battus par les soldats d'Auguste, avaient dû substituer à leur effigie celle de leur vainqueur. Outre une foule d'autres impossibilités, il n'y a qu'à lire dans Strabon l'histoire de la malheureuse campagne d'Ælius Gallus pour se convaincre du manque de solidité d'une semblable argumentation.

Je ne résiste pas au désir de mettre sous les yeux du lecteur quelques extraits de ce récit de Strabon, non pas tant pour réfuter à l'aide de ces passages une opinion insuffisamment fondée, que parce que ceux-ci offrent un intérêt des plus vifs, et ne sauraient être plus à leur place que dans cette étude sur les monnaies de ces mêmes princes arabes qu'allait combattre le général romain.

« L'expédition des Romains contre les Arabes, dit le géographe célèbre, expédition qui a tout récemment eu lieu de nos jours (1), sous les ordres d'Ælius Gallus, nous a fait connaître plusieurs des particularités de leur pays. César Auguste chargea ce général d'explorer ces contrées et celles de l'Æthiopie, voyant que la portion de la Troglodytique contigüe à l'Egypte en est voisine, et que la partie du Golfe arabique qui sépare les Arabes des Troglodytes, est extrêmement resserrée.

(1) Strabon. Livre XVI. Edition in-4 de La Porte du Theil. Traduction de Letronne. T. V, p. 293 (§ VI, p. 780 du texte). — Cf. la traduction nouvelle publiée par M. Amédée Tardieu, d'après les plus récentes révisions du texte grec. — Paris, 1880, t. III, pages 384 et suiv.

« Auguste avait donc conçu le projet de se concilier ces peuples ou de les soumettre; et ce qui avait contribué à lui en donner l'idée, c'est qu'ils ont, de tout temps, passé pour posséder beaucoup de richesses; parce que, vendant leurs aromates et leurs pierres précieuses contre de l'or et de l'argent, ils ne laissent sortir du pays rien de ce qu'ils reçoivent en échange; il avait donc l'espoir ou d'acquérir de riches amis, ou de vaincre de riches ennemis....... Tels furent les motifs de l'expédition de Gallus. Mais ce général fut trompé par Syllæus, ministre des Nabatéens; car, quoique cet homme lui eût promis de lui servir de guide dans la route, de le seconder en toute occasion et de lui fournir ce qui serait nécessaire, il se conduisit constamment avec perfidie; au lieu d'indiquer les chemins sûrs, et les rivages qu'on pouvait cotoyer sans danger, il lui fit prendre des routes impraticables, et l'entraîna par mille détours dans des lieux dénués de tout, sur des côtes escarpées, dépourvues de mouillages et hérissées d'écueils à fleur d'eau.....

« Gallus (1) repartit de Leucé-Comé (2) avec son armée : par la perfidie de ses guides, il traversa des pays d'une telle aridité, qu'on fut obligé de transporter à dos de chameau l'eau (nécessaire)..... On entra ensuite dans le pays des Nomades..... Cinquante jours furent péniblement employés à le parcourir par les plus mauvais chemins, jusqu'à ce qu'on parvînt à la ville et à la contrée paisible et fertile des *Négranes*

« *Leur roi* prit la fuite, et la ville fut emportée d'assaut. De là, on vint en six jours sur le bord d'un fleuve. Les barbares en étant venus aux mains en cet endroit, leur perte fut environ de dix mille hommes, parce que ces peuples, entièrement étrangers à l'art de la guerre, ne savaient pas se servir de leurs armes..... La prise de la ville nommée *Asca*, également abandonnée par le roi, suivit immédiatement.

« De là Gallus parvint à la ville d'Athrulla..... Il poussa jusqu'à la ville de *Marsyaba* (Mareb); mais la disette d'eau le contraignit à lever le siège.

« Gallus consuma six mois dans les routes où la perfidie de ses guides l'entraîna. Il s'aperçut, mais un peu tard, de leur trahison, et rebroussa che-

(1) *Ibid.*, p. 297.

(2) Λευκὴ κώμη, ville de commerce des Nabatéens, sur la Mer Rouge.— Strabon. *Géogr.* lib. XVI, 780, 781, etc. Voir dans la nouvelle traduction publiée par M. Amédée Tardieu. T. III, 1880, pages 386 et 387, la note relative à cette localité.

min en prenant pour le retour des routes différentes; aussi parvint-il à gagner en neuf jours l'endroit du pays des Négranes où le combat s'était donné.... Il lui suffit de soixante jours en tout pour franchir, au retour, l'espace qu'en allant il avait mis six mois à parcourir..... etc., etc. »

On voit qu'Ælius Gallus, en somme, mit huit ou dix mois à faire son aventureuse expédition. Il séjourna très peu de temps dans la ville de Nagran (la Nadjran d'aujourd'hui; les Arabes d'Égypte, qui font le *Djim* dur, prononcent encore *Nagran*). Il est donc bien douteux qu'il ait pu y battre monnaie au coin de son souverain. D'autre côté, les Arabes furent défaits continuellement, mais nullement soumis à la puissance romaine. Aussitôt que Gallus quittait une ville, avec ses troupes, les gens du pays venaient s'y rétablir. Leurs *tobbas* ont pu imiter la monnaie romaine, sans pour cela adopter l'effigie impériale. C'est déjà beaucoup que nous attribuions à une expédition aussi malheureuse que celle de Gallus une influence et un retentissement assez considérables pour avoir amené dans des traditions séculaires un changement aussi radical; et, il faut bien le dire, ce fait de l'expédition romaine en Arabie méridionale, cette date de l'an 24, sont pris par nous moins comme les facteurs essentiels de la thèse que nous soutenons, que comme un point de repère fixe caractérisant cette époque où la puissance romaine fit assez vivement sentir son influence, jusque parmi les peuples les plus reculés, pour qu'il soit tout naturel de penser qu'elle ait pu amener même chez les Arabes méridionaux un changement aussi complet de leurs modes de jadis. L'expédition d'Ælius Gallus, toute malheureuse qu'elle fût, marque l'époque où Rome remplissait plus que jamais l'univers de son nom ; et jamais cette course rapide des aigles romaines à travers les immensités du Hedjaz n'aurait eu la puissance de transformer ainsi les vieilles coutumes homérites, si à ce moment déjà, dans toutes ces régions orientales presque ignorées, le prestige du nom romain n'eût été tout-puissant et son influence partout triomphante.

Quoi qu'il en soit, je le répète, nous sommes en droit de considérer cette date de l'an 24 comme le point central qui peut nous servir à déterminer approximativement l'âge des monnaies de la trouvaille de San'â. Toutes les pièces portant la tête royale disposée à la romaine sont postérieures à cette époque; et, comme les émissions à ce type sont assez nombreuses, présentant plusieurs têtes à caractères iconographiques très distincts, il est fort probable que nous avons là des pièces frappées sous plusieurs rois différents, durant une série assez considérable d'années à partir de ce triomphe définitif de la mode romaine en Arabie méridionale. Il ne nous semble, en conséquence, pas téméraire de placer l'enfouissement du trésor de San'â vers la fin du premier siècle de l'ère chrétienne, dans le cours d'une de ces guerres entre Arabes, dont M. Fresnel, dans ses Lettres à M. Mohl, nous a raconté, d'après les vieux narrateurs bédouins, les péripéties étranges, et les héroïques aventures (1). Les monnaies de notre type quinzième et dernier seraient à peu près contemporaines de cette limite extrême que nous venons d'établir plus ou moins approximativement.

D'autre part, et toujours en nous appuyant sur le même ordre de faits, nous considérerons toutes les monnaies sur lesquelles les tobbas portent la chevelure longue bouclée ou tressée des anciens Arabes comme antérieures à ce dernier quart du dernier siècle avant l'ère chrétienne, et comme ces monnaies constituent près des trois quarts du trésor de San'â (2), et représentent certainement un nombre d'émissions bien plus considérable que les pièces à tête augustéenne, nous devrons en conclure que la date de l'an 24 av. J.-C., adoptée par nous comme point de repère fixe, est plus rapprochée de la dernière émission du trésor pris en son entier que de la plus ancienne. Il est donc possible que les pièces présentant la disposition de la chevelure la plus antique, c'est-à-dire la coiffure tressée en cordelettes, pièces groupées dans nos types 1 et 2, remontent au commencement même du dernier siècle de l'ère antique, ou plutôt encore à la dernière moitié du siècle précédent.

Mais pour fixer avec un peu plus de certitude cette date première de la plus ancienne monnaie du trésor de San'â, nous possédons encore diverses données assez précieuses, arguments supplémentaires qu'il nous est possible de tirer de l'examen de quelques séries monétaires mieux connues; je veux parler non-seulement du prototype même des pièces himyaritiques, le monnayage athénien, mais encore du monnayage des Séleucides auquel les ouvriers monétaires de Nagran ont emprunté, nous l'avons vu, plus d'un détail important, et de ceux des rois de la Nabatène et de la Characène, monnayages frères

(1) F. Fresnel. Lettres à M. Mohl sur l'*Histoire des Arabes avant l'Islamisme*. Journal Asiatique, 1836-1838.

(2) Cent quarante pièces sur deux cents que comprend la totalité du trésor.

de celui des rois du Yémen, et qui nous fourniront également quelques rapprochements non sans valeur au point de vue chronologique.

Et d'abord, pour ce qui regarde le monnayage séleucide, si on considère que dans les deux derniers siècles av. J.-C., ce numéraire avait acquis un cours extrêmement considérable dans tout l'Orient, de l'Indus et de la Caspienne jusqu'à la Méditerranée et à la Mer Rouge, nous pouvons légitimement supposer qu'il était également très bien connu des Arabes du Yémen. Si donc nous admettons, ainsi que je l'ai indiqué et que je le crois, que les Homérites ont recueilli sur ce même numéraire séleucide différents détails qu'ils ont appliqués au leur, il nous faut avant tout tenir compte de l'âge assignable à ces détails. Résumons ce que nous avons dit à ce sujet et voyons les enseignements qu'il est possible d'en tirer pour la détermination de l'époque.

1° On a vu, p. 33, que la tête royale de celles des monnaies que nous croyons de toutes les plus anciennes, pourrait avoir été inspirée par celle de certaines monnaies d'Antiochus IV, *théos, épiphane*, qu'on croit avoir été frappées en Égypte entre 171 et 167 av. J.-C. (1); j'ai ajouté que cette époque serait sans doute un peu trop ancienne pour nos monnaies homérites, mais que le numéraire royal de ces temps circulait pendant bien des années après sa fabrication.

2° Le fait d'une tête humaine dans une couronne de feuillage est, je l'ai dit également, une chose tout à fait marquante dans le numéraire séleucide. Ce type y figure pour la première fois sur des monnaies de Démétrius Ier, qui a régné de 162 à 151 av. J.-C. (2). Voilà encore une date supérieure pour les monnaies des Arabes offrant la tête dans une couronne de feuillages, et on sait que toutes les monnaies du trésor de San'â, depuis les plus anciennes jusqu'aux plus récentes, sont dans ce cas.

3° La tête laurée elle-même de nos rois Homérites pourrait à son tour avoir été jusqu'à un certain point inspirée par les images de Jupiter et d'Apollon, que présente le droit des tétradrachmes d'Antiochus IV (176-164 av. J.-C.) (3), les ouvriers arabes ayant fort bien pu prendre une tête de divinité pour une tête royale.

(1) Feuardent. *Numismatique de l'Égypte ancienne*, t. I, p. 73.

(2) Voyez Gough : *Coins of the Seleucidæ Kings of Syria*. Londres, 1803, in-4. — Démétrius Ier, pl. X, nos 3, 4, 5, 8, 12, — et Mionnet : *Description des Méd. antiques*, t. VIII, Suppl., p. 32, nos 163, 164, 165.

(3) Voyez Mionnet : *Ibid.*, pl. LXXVII, no 8, et t. VIII du Suppl., pl. XII, no 3.

4° La chouette sur le diota, très semblable à celle des monnaies himyaritiques, figure avec la date 190 de l'ère séleucide, soit 122 ans av. J.-C., au revers des monnaies d'Antiochus VIII (1). L'apparition de ce type sur la monnaie d'un roi séleucide coïncide avec celle de la tête à cheveux calamistrés de sa mère Cléopâtre, dont j'ai déjà parlé à la page 34, note 2. Pour les Arabes qui s'en sont peut-être aussi inspirés, l'effigie féminine pouvait passer pour un portrait masculin (2).

5° Le cordon séleucide apollinien formant bandelette autour de l'effigie royale, dont j'ai parlé p. 12, et qui me semble avoir été le prototype de la couronne de grenetis puis de petits vases encadrant la chouette au revers de nos monnaies du trésor de San'â, ce cordon figure pour la première fois sur les monnaies des rois de Syrie : Séleucus III (226-224 av. J.-C.) (3) et Antiochus III (224-187 av. J.-C.) (4). Il a été en outre imité par divers voisins barbares de ces mêmes Séleucides : par exemple, en Bactriane, par les rois Démétrius (200 à 165 av. J.-C.), Hélioclès, Eucratide (180-160 av. J.-C.) (5); chez les Parthes, sur la série des monnaies de style grec de Mithridate Ier, avec les dates 140 et 139 av. J.-C. (6); en Characène, par les rois Hispaosinès (123 av. J.-C.), et Apodacus (108 av. J.-C.) (7).

Il résulte des considérations que je viens de soumettre au lecteur, des dates diverses que je viens de donner, que c'est vers les règnes de Séleucus IV et d'Antiochus IV, c'est-à-dire vers 170 ou 160 av. J.-C., que la plus grande partie de ces détails monétaires, que nous retrouvons sur les pièces himyaritiques, étaient en usage sur le numéraire des Séleucides et de leurs nombreux voisins et imitateurs. Il n'est donc, dès lors, pas déraisonnable de placer les plus

(1) Voyez Mionnet : *Ibid.*, t. V, p. 87, nos 764 à 768, et Gough : *Ibid.*, pl. XIX, nos 12, 13.

(2) Voir encore le beau médaillon de Cléopâtre seule, dans le Catalogue du British Museum : *The Seleucid Kings of Syria*, pl. XXIII, no 1.

(3) Gough : *Ibid.*, pl. IV, nos 4, 5, 6.

(4) *Ibid.*, pl. VI, nos 1, 3.

(5) Voyez Th. Sig. Bayer : *Hist. regni Græc. Bactriani.* Saint-Pétersbourg, 1738, in 4, pl. I, no 1. — Wilson : *Ariana Antiqua.* Londres, 1841, in-4, pl. II, no 2, pl. III, nos 1-4, pl. XXI, no 7. — H. Toby Prinsep : *Historical results deducible from recent discoveries in Afghanistan.* Londres, 1844, in-8, pl. I, nos 4, 6, 7, 8.

(6) Longpérier (A. de) : *Mém. sur la chronologie des Arsacides*, 1853, p. 26, pl. IV.

(7) Waddington : *Numism. et chronologie des rois de la Characène.* Rev. Numism., 1866, pl XI, nos 2 et 3.

anciennes de nos monnaies du trésor de San'â à une époque assez voisine de celles-là, soit vers la dernière moitié du second siècle av. J.-C. Les coiffures calamistrées que portent, je l'ai dit, sur leurs monnaies, certains rois de la Characène et de la Nabatène, nous donnent des dates entièrement concordantes.

Reste la question des monogrammes si semblables pour la disposition à ceux des tétradrachmes athéniens; mais je vais précisément traiter en quelques mots ce sujet, et l'on verra qu'il n'y a pas là matière à objection sérieuse contre cette date supérieure que je propose; bien au contraire, il s'agit peut-être là d'une confirmation de plus. En effet, si l'on voulait chercher à tirer partie de l'opinion de Beulé qui considère les séries des tétradrachmes à monogrammes comme les plus anciennes des pièces du nouveau style qui ont succédé aux flans épais (1), pour tenter de renverser l'ordre que j'ai adopté dans le classement chronologique des divers groupes du trésor de San'â, je répondrais en retournant la proposition; je dirais que précisément un des principaux avantages de la découverte de ces monnaies, est qu'elle permettra de revenir sur cette question si difficile et si importante du classement des monnaies athéniennes, qui, comme on le sait, une fois qu'on est sorti des types de la première période, et qu'on est arrivé aux tétradrachmes de grand module, se divisent en deux grandes séries : celle qui offre des noms développés de magistrats, et celle qui ne présente que deux monogrammes contenant évidemment aussi les noms de deux magistrats. M. Beulé a pris le parti de donner à cette dernière catégorie le plus ancien rang, mais s'il demeure reconnu que les monnaies himyaritiques ont suivi les mutations des types adoptés dans l'atelier d'Athènes, l'ordre contraire à celui qu'a proposé le regretté archéologue devra être accepté. En effet, de quelque façon même qu'on explique les têtes à chevelure courte, il est évident qu'elles appartiennent à un âge tout à fait voisin de notre ère, et qu'il serait de toute impossibilité de reléguer après une époque si récente la série des monnaies athéniennes sur lesquelles les noms des magistrats sont écrits, soit en toutes lettres, soit d'une façon abrégée,

(1) Beulé dit que M. Arneth *décide avec raison* que les tétradrachmes qui portent des monogrammes ont précédé ceux où les noms des magistrats sont développés. (*Les Monn. d'Athènes*, p. 93). — A la page suivante, il fait remarquer que les tétradrachmes à monogrammes (les plus anciens du style nouveau, ou, comme il le dit (ligne 7) « *qui ont été frappés les premiers* ») présentent des H et des Ω (l'Ω s'y voit une fois, l'H constamment), ce qu'il considère comme postérieur à la mort d'Alexandre.

mais non pas en monogrammes. Celles-ci doivent donc de toute nécessité constituer la première division. Ajoutons que les monnaies de cuivre, qui, par les symboles accessoires qu'on y remarque, se rattachent aux tétradrachmes à grands monogrammes, avaient étonné M. Beulé lui-même. Il ne pouvait s'expliquer comment leur style se rapprochait tant de celui de la monnaie romaine, comment aussi la forme des caractères était si voisine; il ne comprenait pas notamment comment l'H et le Θ barré pouvaient se rencontrer sur des pièces aussi anciennes. Toutes ces difficultés seront aplanies si les faits que j'ai exposés viennent à se vérifier; les déductions qu'on en pourra tirer renverseront l'ordre établi par M. Beulé.

Aujourd'hui encore le classement indiqué par lui est adopté au British Museum; et dans le *Catalogue* de l'Exposition d'un choix de médailles qui sont visibles dans cet établissement, au n° 20 de la page 78 (1), les monnaies de cette fabrique grande et plate avec les noms des magistrats indiqués par des monogrammes, sont désignées comme étant les plus anciennes de la seconde série : « *they are the earliest of the later series of the Athenian money* », et sont rangées dans la période V, soit de 280 à 190 avant Jésus-Christ (2). Toutefois, comme on peut le voir à la page 23, à la fin de la note de la page 25, M. Barclay Head cite avec quelque complaisance l'opinion de ceux qui assignent au contraire aux tétradrachmes à monogrammes une date plus récente, soit environ pour leur début l'an 86 avant Jésus-Christ, et semble jusqu'à un certain point s'appuyer sur cette hypothèse pour établir lui aussi l'époque à laquelle il croit que les monnaies trouvées à San'à ont été frappées. C'est quelque temps après cette date que je serais pour ma part disposé, je l'ai dit au même paragraphe, à placer l'émission des plus anciennes parmi les drachmes du trésor de San'â portant monogrammes, réservant pour la période précédente, à peu près en remontant jusqu'à l'époque

(1) *Synopsis of the contents of the British Museum; Department of coins and medals. A guide to the select greek and roman coins exhibited in electrotype:* par M. Barclay Head, Londres, 1880.

(2) A propos de cette discussion sur la date des tétradrachmes athéniens, il est à remarquer que les monnaies de cette catégorie que, suivant le système de MM. Arneth, Beulé, Rathgeber et autres, on a voulu considérer comme offrant le type de la seconde époque (il s'agit des pièces qui portent des noms de magistrats développés) paraissaient si antiques à Celestino Cavedoni, qu'il en faisait remonter la fabrication à la centième olympiade (350 à 377 avant Jésus-Christ).— (*Memorie di Religione, Morale e Letteratura.* Modène, t. V, p. 325.)

d'Antiochus IV de Syrie, les drachmes ne portant encore que la légende unique avec le monogramme *Yanâf.*

On sait que le nom de magistrat Antiochus, accompagné d'une figure d'éléphant, parait sur un tétradrachme d'Athènes (1), et que M. Rathgeber de Gotha a publié au sujet de ce type, dans les *Annali dell' Instituto archeologico* (1838, p. 32 à 35), une dissertation remarquable dont la conclusion est que la série de ces monnaies athéniennes appartient à l'an 176 avant Jésus-Christ, année pendant laquelle le roi de Syrie Antiochus IV, *théos*, était à Athènes. D'autre part on connaît le tétradrachme célèbre portant le nom de Mithridate et frappé en l'an 88 (2). Ces deux précieuses monnaies nous obligent en tous cas de faire descendre l'usage des noms de magistrats développés, non-seulement jusqu'à Antiochus IV, mais jusqu'à Mithridate, et même probablement plus tard; mais l'âge auquel j'ai placé mes monnaies à monogrammes du trésor de San'â laisse parfaitement la place pour y caser toute la série athénienne correspondante, c'est-à-dire la série portant également des monogrammes.

Tout cela nous donne, je le répète, environ la seconde moitié du deuxième siècle avant Jésus-Christ pour les plus anciennes monnaies du trésor, celles portant la légende unique, et pour les plus anciennes monnaies à monogrammes, le cours même du dernier siècle avant l'ère chrétienne; puis, vers la fin de ce siécle et pendant le cours du premier siècle après Jésus Christ, se placeraient les monnaies portant bien toujours des monogrammes, mais ayant la tête du droit coiffée à la romaine.

En somme, nous n'avons guère d'un peu certain qu'une date supérieure, mais c'est déjà quelque chose.

Je ne puis terminer sans dire quelques mots du poids des monnaies du trésor de San'â et du système monétaire auquel se rattachait, il me semble, le numéraire himyaritique.

(1) Beulé : *Les monnaies d'Athènes*, p. 206.
(2) *Ibid.*, p. 237.

J'ai soigneusement pesé les deux cents pièces composant la trouvaille. Une chose m'a vivement frappé, c'est l'extraordinaire uniformité du poids de toutes ces monnaies, depuis les plus anciennes jusqu'à celles des dernières émissions à tête coiffée à la romaine. Toutes les fois que le poids n'était pas diminué par une perte de substance évidente, ou augmenté au contraire par l'accumulation des couches d'oxyde, les pesées m'ont donné pour les pièces de même module des résultats identiques à deux ou trois centigrammes près tout au plus. C'est au point qu'un tableau donnant le poids de chaque exemplaire serait de tous points inutile. Chaque fois qu'il y a une différence, elle est due, je le répète, à une circonstance accidentelle très facile à apprécier, perte de substance ou oxydation, défectuosités qui portent sur un assez grand nombre d'exemplaires de la trouvaille.

Nous pouvons donc nous contenter en toute sécurité des résultats généraux suivants :

On sait que le trésor contient des pièces de trois modules différents : voici les poids moyens des exemplaires de chacune de ces trois séries :

1° Cent soixante-quatorze pièces de 25 à 26 millimètres de diamètre, pesant presque toutes lorsqu'elles sont intactes, exactement 5 gr. 50. Pour les exemplaires de conservation moyenne, le poids varie à peine entre 5 gr. 30 et 5 gr. 60.

2° Vingt-quatre pièces de 18 à 20 millimètres de diamètre, pesant presque exactement deux fois moins que les précédentes, soit presque toujours 2 gr. 70, parfois 2 gr. 69 ou 2 gr. 65.

3° Deux pièces de 15 à 16 millimètres de diamètre, pesant à leur tour à peu près la moitié des précédentes, soit l'une 1 gr. 31, la seconde 1 gr. 23.

Ces pièces himyaritiques sont donc beaucoup plus pesantes que la drachme attique et ses divisions. Mais elles se rapportent d'une manière manifeste au poids de la darique d'argent perse (1) ; et cela, malgré la présence du type de revers athénien, ne saurait beaucoup nous étonner, si nous nous rendons bien compte de la puissance des Achéménides. Ils furent maîtres à la fois du Golfe persique, de l'Egypte, de la Babylonie, c'est-à-dire qu'ils étreignaient l'Arabie de tous côtés. Hérodote nous dit bien (lib. III, 88), que les Arabes n'ont jamais été esclaves des Perses, mais leurs alliés ; toutefois, il faut remarquer

(1) Vazquez-Queipo : *Essai sur les systèmes métriques et monétaires des anciens peuples*, 1859 ; tables, première partie, p. 40 et 295.

que dans ses grandes inscriptions monumentales (c'est-à-dire faites pour être lues par tous), le fils d'Hystaspe s'intitule à Bisoutoun, comme à Persépolis, comme à Nakschi-Roustem, roi d'Arabie ; et que cette contrée se trouve mentionnée là au même titre que la Susiane, la Babylonie, l'Assyrie et l'Egypte (1). Hérodote nous dit encore que c'était grâce aux Arabes que Cambyse avait pu pénétrer en Egypte, et que s'ils lui avaient été contraires, il n'aurait pu réaliser sa conquête. Ceci fait assez voir que les armées et les caravanes perses traversaient les terres des Arabes, et cela suffit pour faire comprendre comment les *dariques* ont pénétré de bonne heure dans le Yémen. La question des rapports politiques ou commerciaux des rois Achéménides et des Arabes n'a pas été discutée par M. Caussin de Perceval; à l'époque où le savant orientaliste publiait le premier volume de son remarquable *Essai sur l'histoire des Arabes avant l'Islamisme* (1847), l'étude des monuments originaux de la Perse antique était encore trop peu avancée pour lui fournir les indications que nous rappelons aujourd'hui.

Des données que je viens d'établir, il résulte : 1°, que, en présence d'une si frappante uniformité de poids communs à des émissions séparées par un espace de temps probablement considérable, les pesées successives ne peuvent nous fournir, dans ce cas, aucun élément sérieux pour le classement chronologique des types successifs ;

2°, que le système monétaire himyaritique se rattache au système perse, les pièces de 25 millimètres de diamètre et du poids moyen de 5 gr. 50, qui composent la majeure portion du trésor, représentant les drachmes; celles de 18 à 20 millimètres de diamètre et du poids de 2 gr. 60 à 2 gr. 70, représentant les demi-drachmes; enfin, celles du poids de 1 gr. 23 à 1 gr. 31 et du diamètre de 15 à 16 millimètres, représentant la division inférieure ou quart-de-drachme.

Je ferai remarquer que la petite pièce d'argent du tobba Aran Iacaf[m], publiée par M. de Longpérier, pèse 1 gr. 56. C'est un peu plus que le poids de chacun des deux quarts-de-drachmes qui se trouvent dans le trésor de San'â; mais nos éléments d'appréciation sont encore trop peu nombreux pour qu'il soit possible

(1) Jules Oppert : *Les Inscriptions des Achéménides conçues dans l'idiome des anciens Perses*, in-8, 1852, p. 24, 234, 248. — Système médique ; F. de Saulcy : *Rech. analyt. sur les inscriptions cunéiformes du syst. méd.*, 1850, in-8, p. 5, 133, 173. — J. Oppert : *Le peuple et la langue des Mèdes*, 1879, in-8, p. 115, 198, 205.

de décider s'il s'agit ici d'une pièce représentant également le quart d'une drachme, drachme cette fois d'un poids légèrement supérieur à celles de la trouvaille de San'â et pesant quatre fois 1 gr. 56, soit environ 6 gr. 20.

Sur les cent soixante-quatorze drachmes comprises dans la trouvaille de San'â, cent trente-cinq appartiennent au premier groupe caractérisé par la disposition de la coiffure royale en cordelettes ou hélices; trente-neuf appartiennent à la série des pièces à tête augustéenne.

Sur les vingt-quatre demi-drachmes, dix-neuf appartiennent au second groupe, cinq seulement au groupe plus ancien si abondamment représenté en fait de drachmes, et encore ces cinq exemplaires appartiennent-ils exclusivement aux types les plus récents de ce premier groupe. Les types 1 à 7 ne comprennent uniquement que des drachmes. Quant aux deux quarts-de-drachmes, ils appartiennent, on le sait, au second groupe à tête augustéenne

Ici encore, les éléments d'appréciation sont trop peu nombreux pour qu'il soit possible d'affirmer si ce ne fut que plus tard que l'on frappa en nombre dans les ateliers monétaires himyaritiques des coupures de la drachme qui représentait l'unité monétaire la plus en vogue.

Avant de terminer, je demanderai au lecteur la permission de l'arrêter un instant encore pour revenir sur un point dont il a été question plus haut (1); je veux parler du groupe de deux caractères, placé après le *signe initial*, devant la chouette. En y réfléchissant de nouveau, nous devrons abandonner l'assimilation de cette marque à la valeur de l'*unité*; car nous la retrouvons tantôt en tête, tantôt à la fin de diverses inscriptions sabéennes; parfois avec une différence de proportion dans les deux caractères, égale à celle que nous montrent nos monnaies n°s 2, 3, 5, 9, 10, 11, 12. Dans les inscriptions, le *daleth pointé* est précédé tantôt, comme sur ces monnaies, d'un *heth*, tantôt d'un *hé* semblable à ceux des drachmes n°s 14, 15, 16, 17 (2). Il y a donc parité : un système indivisible.

L'excellent sémitiste, Fulgence Fresnel, pensait, au dire de M. Mohl (*Journal asiatique*, 1845, tome VI, p. 170), que ces combinaisons de caractères « représentent les armoiries des rois, et servent à distinguer les inscriptions

(1) P. 19 et 29.

(2) J'avais omis, page 19, de noter cette légère variation dans la forme du jambage inférieur du premier caractère, lequel semble tantôt un *heth*, tantôt un *hé*.

royales ». On voit, en effet, cette combinaison des deux caractères en tête ou à la fin des inscriptions copiées par Arnaud (2). M. Jos. Halévy, qui a traduit les inscriptions d'Arnaud publiées par Fresnel, se borne à remarquer que les deux lettres apparaissent souvent en tête des inscriptions sabéennes, et se trouvent de même à la fin de quelques textes (3) ; et plus loin (4), il ajoute qu'elles constituent une sigle ; mais il n'en donne aucune explication. On comprend, dès lors, combien la question est obscure. Ce n'est pas nous qui pourrons la résoudre, puisque nos monnaies ne nous ont pas fourni une de ces démonstrations qu'un numismatiste saurait apprécier en dehors même de la connaissance des dialectes usités dans l'Arabie méridionale.

Seulement, la présence simultanée du groupe de deux caractères sur des monnaies, qui sont évidemment royales, et en tête de textes épigraphiques publics, émanant des rois, ainsi que M. Fresnel l'avait si bien reconnu et que le confirment les sabéistes nos contemporains; cette présence, disons-nous, confère au groupe dont nous cherchons le sens, une valeur officielle qui tend à circonscrire notablement le champ dans lequel les investigateurs auront à se mouvoir.

Ce sera un motif de plus pour que les érudits portent leur attention sur la série monétaire que je soumets à leurs études.

(2) *Journ. asiat.*, 1845, IVe série, t. VI, p. 173, nos 12 et 13; p. 174, no 20; p. 175, no 28; p. 176, no 34; p. 177, no 36; p. 178, no 44; p. 181, no 55.
(3) *Ibid.*, 1874, VIIe série, t. IV, p. 557.
(4) P. 566.

TABLE ALPHABÉTIQUE DES MATIÈRES

SAINT-QUENTIN. — IMPRIMERIE JULES MOUREAU.

Dardel sc. Imp. Dumas Vorzet

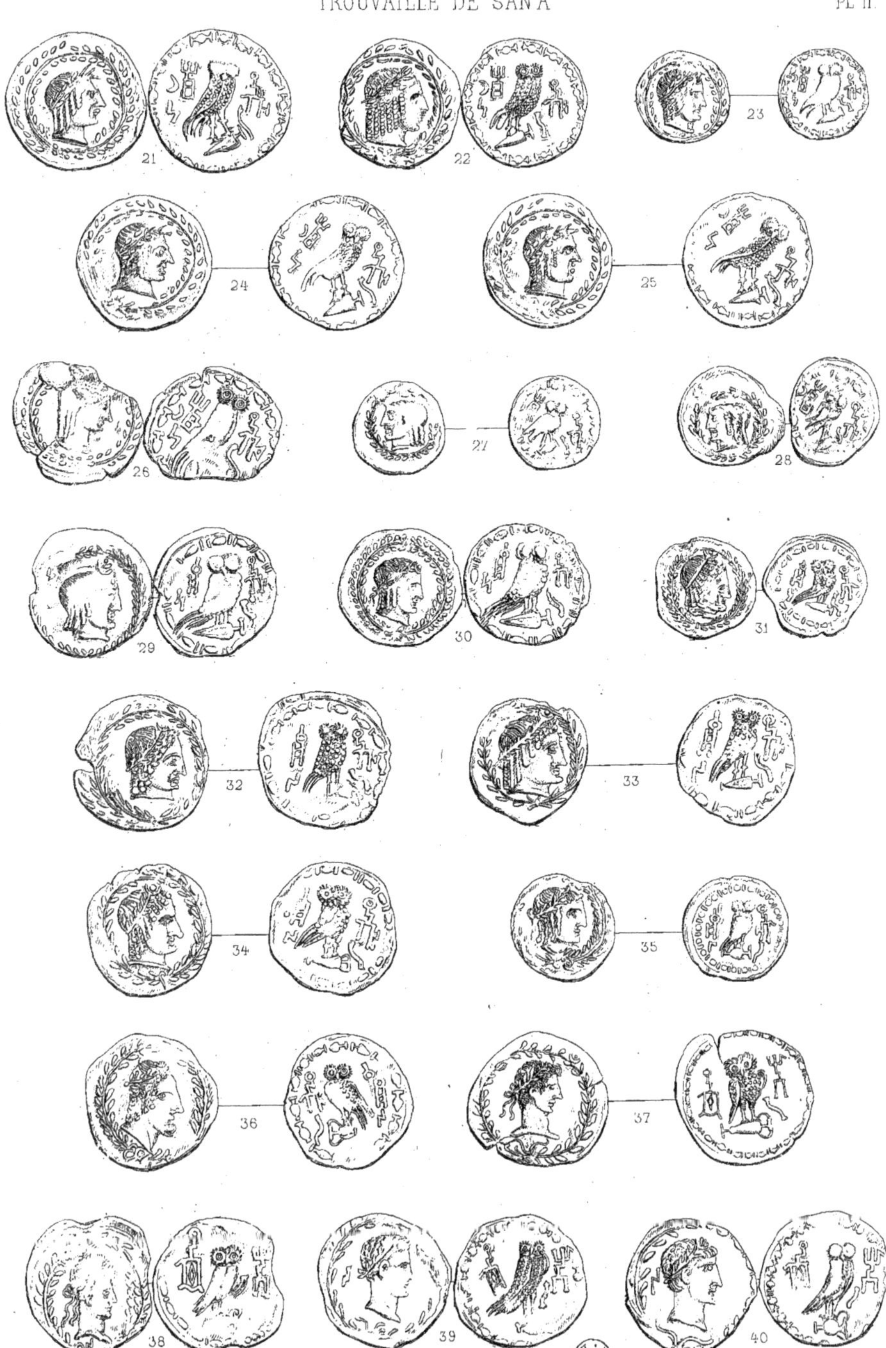
21
22
23
24
25
26
27
28
29
30
31
32
33
34
35
36
37
38
39
40

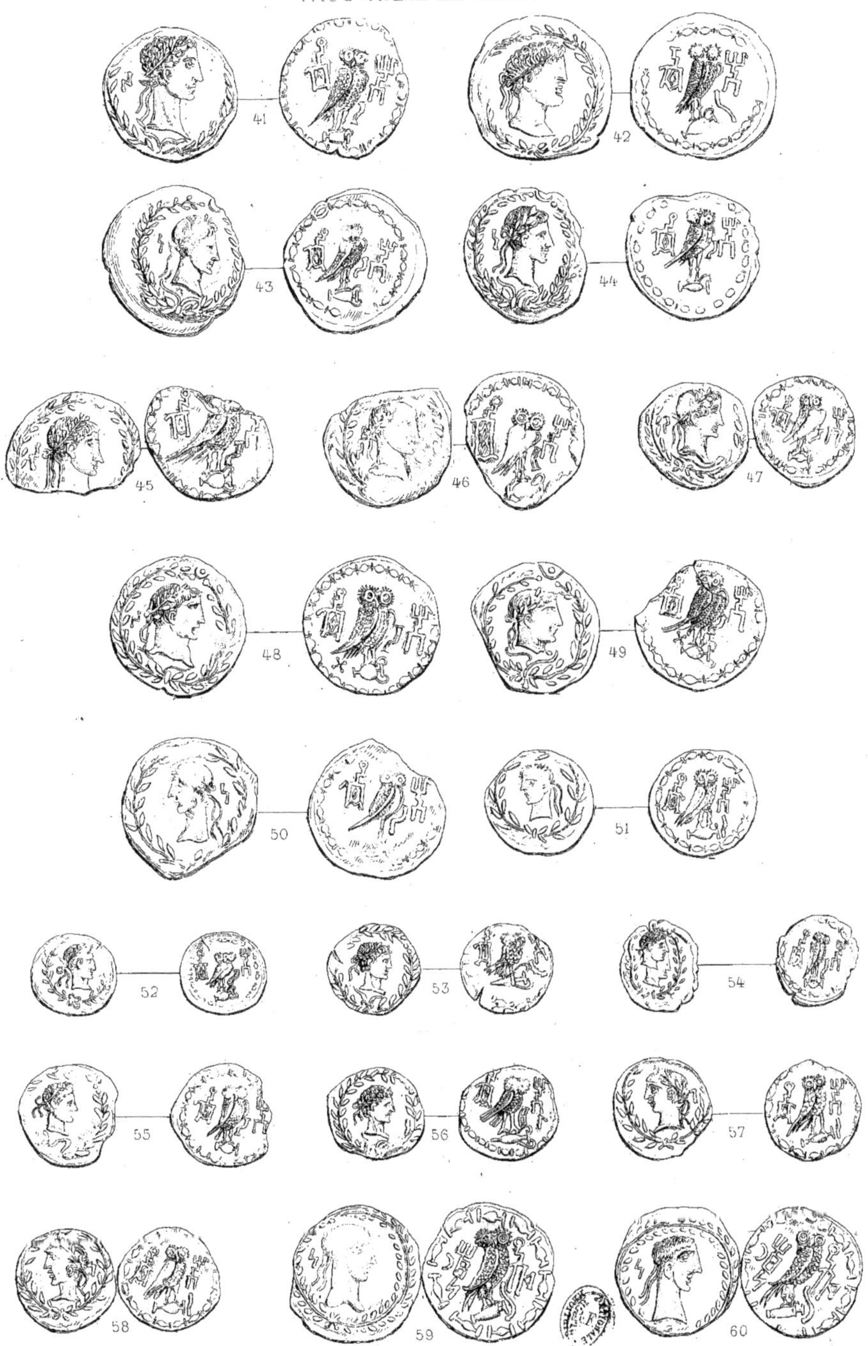
41
42
43
44
45
46
47
48
49
50
51
52
53
54
55
56
57
58
59
60

www.ingramcontent.com/pod-product-compliance
Ingram Content Group UK Ltd.
Pitfield, Milton Keynes, MK11 3LW, UK
UKHW021006200726
13857UKWH00004B/1305

9 782012 466661